51823

ESSAI
SUR
LA LIBERTÉ

LIBRAIRIE DE MICHEL LÉVY FRERES

DU MÊME AUTEUR

FLORENCE ET TURIN
— ÉTUDES D'ART ET DE POLITIQUE —
Un volume gr. in-18.

JEANNE D'ARC
— DRAME EN CINQ ACTES —
Un volume gr. in-18.

PARIS. — IMP. SIMON RAÇON ET COMP., RUE D'ERFURTH, 1.

ESSAI
SUR
LA LIBERTÉ

CONSIDÉRÉE

COMME PRINCIPE ET FIN DE L'ACTIVITÉ HUMAINE

PAR

DANIEL STERN

NOUVELLE ÉDITION REVUE PAR L'AUTEUR

PARIS

MICHEL LÉVY FRÈRES, LIBRAIRES ÉDITEURS

9 BIS, RUE VIVIENNE, ET BOULEVARD DES ITALIENS, 15

A LA LIBRAIRIE NOUVELLE

1863

Tous droits réservés

PREFACE
DE LA NOUVELLE ÉDITION.

L'*Essai sur la Liberté* fut publié pour la première fois vers la fin de l'année 1846. Il reçut un accueil assez favorable et rencontra quelques lecteurs extrêmement sympathiques. On voulut bien louer les sentiments de l'auteur et leur expression. Mais, quant à l'idée qui fait le fond, et, s'il m'était permis de le dire, la nouveauté de cette étude, il me fut aisé de voir, à travers les éloges dont on m'honorait, tantôt qu'elle n'avait pas été comprise, tantôt qu'elle n'avait pas été seulement aperçue.

Et pourtant je ne l'avais pas voilée. Dès la première page, dans le titre même du livre, elle était écrite en gros caractères; mais le commun des lecteurs n'y donna aucune attention. Les esprits distingués, les gens plus spécialement compétents, les métaphysiciens, les philosophes, l'écartèrent de prime abord avec un grand dédain.

La Liberté considérée comme fin de l'activité humaine, c'était là pour l'orthodoxie universitaire une grossière hérésie; c'était une proposition insupportable. « La Liberté est le *moyen*, non la *fin;* l'auteur a tout brouillé; » telle fut la brève sentence prononcée contre moi. Je n'essayai pas d'en appeler; c'eût été peine perdue. S'il n'y a plus en France de religion d'État, il y avait encore, à cette époque, comme une philosophie d'État qui ne souffrait pas la contradiction et pour laquelle la majorité des Français professait une sorte de respect administratif, assez semblable à la soumission que pratiquent les honnêtes gens envers le commissaire de police et le gendarme. Je me tus ; et ce livre condamné fut pour moi un livre oublié.

Cependant, après quelques années, je crus entrevoir que mon hérésie avait sourdement fait du chemin; il m'en revenait de lointains échos; il m'arrivait parfois de la rencontrer, plus ou moins reconnaissable sous de légers changements, jusque dans les ouvrages de ceux qui l'avaient repoussée de haut. Aujourd'hui, il se découvre en effet que l'*Essai sur la Liberté* a été lu suffisamment, et qu'il l'a été avec une bienveillance assez marquée, pour qu'un éditeur en renom croie pouvoir tenter sans trop de risques d'en offrir au public une édition nouvelle. Il y a là, ce me semble, une leçon de patience pour les auteurs, et le sujet aussi de quelques réflexions.

« La génération à laquelle on a l'honneur d'appartenir » (j'emprunte à un écrivain excellent[1] cette formule de bonne compagnie) est très-lasse de dogmatisme, très-lasse d'orthodoxie. Cela n'a rien de surprenant, rien même de fâcheux : c'est la conséquence naturelle et légitime d'une expérience répétée.

Une série de révolutions presque périodiques, des accidents si nombreux qu'ils semblent s'ordonner en loi, ont ébranlé chez nous les opinions, les établissements les mieux assis. Les vérités réputées incontestables, dont la société française s'était

[1] M. Dupont-White.

composé avec tant d'art un *Credo* politique et philosophique, ont montré ce qu'elles valaient au jour de l'épreuve. Rien n'a tenu contre le hasard des choses; tout a cédé, ployé sous d'assez faibles coups de la fortune. Des plus grandes comme des plus petites intelligences il s'est fait une prompte, une complète, disons le mot, une honteuse déroute. Les apostasies, les défections, les rétractations, toutes les servilités, toutes les peurs de l'esprit, en se précipitant, ont formé la plus incroyable mêlée. On a vu sous un jour froid et morne, comme en une éclipse morale, l'inimaginable désordre qui s'était longtemps caché sous l'ostentation d'une vaine discipline. La vieille société s'est prise elle-même en dégoût, se sentant si peu capable de ces vertus fortes qui naissent des convictions profondes. Depuis lors, déconcertée, elle a beau sourire au « fait accompli » qui donne à sa lassitude quelque repos et permet à sa déroute une halte de quelques heures, elle ne reprend pas confiance. Elle sait désormais, quoi qu'elle en dise, qu'elle adorait de faux dieux. Les idoles qu'elle emporte avec elle, cachées sous son manteau, ne réchauffent point son cœur; dans leur muette ironie, elles ne lui disent que trop « comment les dogmes finissent. »

Mais du sein de cet abattement qui semble à quelques-uns la fin des choses, du sein de cette dissolution de tout ce qui fut l'ordre ancien, et de cet irréparable discrédit des dieux tombés, un désir de vie se produit, une inquiétude généreuse. Sous l'apparente stagnation des cœurs et des esprits, de nouveaux courants d'espérance s'ouvrent de toutes parts. Des forces cachées se font sentir, qui s'attirent et se combinent; des germes flottants montent à la surface des eaux, cherchant la lumière. Et, selon la voix intime qui parle à chacun de nous, cette lumière désirée qui féconde et métamorphose, qui appelle et répand la vie, n'est autre que la Liberté.

Je ne crois pas m'abuser en disant qu'à cette heure tous les esprits jeunes et virils, toutes les intelligences capables de fécondité, sentent, confusément encore, mais fortement, que la liberté doit être le but et qu'elle sera aussi la récompense des efforts de l'homme.

Mais cette liberté qu'invoquent nos vœux secrets, cette liberté dont nous avons soif comme le Psalmiste a « soif de l'Éternel, » serait-ce la liberté théologique ou métaphysique? serait-ce le *libre arbitre* des disputes de l'école ou le *libéralisme* des doctrines parlementaires? Est-ce la liberté qui se débat entre Pélage et saint Augustin, entre Calvin et Luther, entre Robespierre et Danton, entre Royer-Collard et Lamennais, entre Thiers et Guizot? Non, sans doute.

Assez longtemps les subtilités de la théologie et les équivoques de la politique ont fatigué de leurs interminables querelles les échos du vieux monde.

Laissons ces libertés à ceux qui ont vécu.

Pour nous qui aspirons à la vie, la liberté que nous voulons posséder, je me trompe, la liberté par qui nous voulons être possédés, c'est la loi même de notre nature; c'est la vérité, la nécessité divines; c'est le mystère du « Dieu qui sera[1], » de ce Dieu dont il est écrit que, souverainement libre et tout-puissant, il ne peut pas néanmoins vouloir le mal.

[1] Schelling.

Si j'avais aujourd'hui à écrire l'*Essai* que je livrais à la publicité en 1847, ce serait assurément d'une tout autre manière et dans un autre dessein. En proie comme je l'étais alors à de vives angoisses morales, je songeais, il faut bien le dire, plus à moi qu'à autrui ; je cherchais un moyen d'échapper aux « calamités de mon âme, » un sujet d'espérer en Dieu, d'aimer la vie. Je savais bien, ou plutôt je sentais, qu'ils se trompent les docteurs qui nous disent que le bonheur est la fin de l'homme, et qu'ils nous trompent les théologiens lorsqu'ils nous montrent ce bonheur égoïste dans la perpétuité sans progrès d'une inactive possession de Dieu, dont une moitié du genre humain resterait éternellement déshéritée. Insensible à l'appât d'une récompense contraire à ma nature, contraire à l'idéal de justice et d'amour que Dieu a mis en moi, j'éprouvais le besoin de me donner à moi-même une autre raison de souffrir et d'agir — une autre raison de vivre. Je cherchai donc; je cherchai longuement, patiemment, dans un inexprimable abandon de tout ce qui fait la joie ou l'espoir de la plupart des hommes; et de cette recherche passionnée deux livres sortirent simultanément : une étude psychologique, un roman, qui fut l'apaisement de mon cœur; un essai de philosophie morale, qui fut l'apaisement de mon esprit.

Pas plus que *Nélida*, histoire inachevée, l'*Essai sur la Liberté* n'est l'œuvre d'un talent sûr de lui, capable de donner à la pensée l'ordre et le mouvement qui, selon la parole d'un maître en l'art d'écrire, forment le style; c'est le cri d'une âme qui s'arrache à un long obscurcissement et qu'éblouit le premier contact de l'air et de la lumière.

Aujourd'hui que les obscurcissements et le trouble ne sont plus pour mon âme qu'un souvenir lointain, aujourd'hui que la paix y habite avec l'assurance de la conformité aux lois divines, je voudrais, si le déclin des années ne m'avertissait qu'il faut se borner, refaire, sur un plan agrandi, ce livre, pour le rendre utile à tous comme il m'a été utile à moi-même. Au lieu de m'entourer timidement de quelques textes, comme pour me protéger dans mes tremblantes audaces, je montrerais avec certitude, dans les réalités, le travail accompli par mon siècle. Je ferais voir son génie ardent, tourmenté, lui aussi, d'un insatiable désir de liberté, qui partout éclate. Ce ne serait plus le cri solitaire d'une âme lassée qui vibrerait dans ces pages, ce serait la voix puissante d'une génération tout entière, cette voix qui retentit à cette heure partout à la fois, sur tous les points du globe, dans la science, dans l'industrie, dans la politique, et jusque dans les religions qui se transforment.

Le dix-neuvième siècle, en effet, que l'on croit asservi à des dieux inférieurs, incliné par de grossiers penchants vers les joies de la matière, tout empêché à de vulgaires besognes dont le salaire satisfait des cupidités plus vulgaires encore, excité seulement par les appétits de la chair et par l'émulation des richesses, ce grand siècle méconnu s'avance, intrépide, en renversant des obstacles formidables, vers les plus hauts sommets où le génie de la liberté humaine puisse atteindre.

Sa conscience est sollicitée par Dieu. « Confident du Très-Haut, » il aspire à comprendre, il se propose d'accomplir la loi qui gouverne en son immuable sagesse les évolutions du genre humain et les destinées du monde.

Ne voient-ils donc pas, ceux qui parlent de déclin et de servitude, avec quelle audace de dévouement, avec quel désintéressement héroïque, notre génération poursuit tous les mystères et s'efforce à briser toutes les fatalités! Qui donc oserait déterminer désormais, dans l'espace et dans la durée, le lieu et le moment où la valeur, où le génie de l'homme rencontreront l'inaccessible, l'impénétrable? Et qui donc marquerait le point où s'arrêtera sa puissance libératrice?

Cette noble race mortelle, que les vieux mythes nous montrent, à l'origine des âges, chassée d'un puéril Éden, confondue par les inexplicables colères d'un Dieu inconséquent et jaloux, inventant d'un esprit rebelle et d'une main fratricide les cités et les arts maudits[1], a-t-elle jamais versé son sang en de plus généreuses entreprises, avec un plus surprenant dédain du bonheur, avec une foi plus entière dans les révélations de sa propre conscience et dans la grandeur idéale de sa vie d'ici-bas?

Regardons autour de nous. Assurément ce n'est pas le bonheur que poursuivent ainsi d'un même élan, dans notre Europe rajeunie, dans cette république chrétienne que la Révolution française a remuée jusqu'en ses fondements, les peuples, les nations, les races, les hommes inspirés de Dieu. La proscription, la ruine, les gibets, les cachots, le délire ou le suicide des espérances trompées, la Grèce, la Pologne, la Hongrie, l'Italie, la France, où tant de sang fume encore, ne permettent plus l'illusion.

[1] *Genèse*, IV, 17.

Vous connaissez le sort qui vous attend, Magnanimes, qui prenez la parole ou les armes dans la grande révolte du faible contre le fort, de l'opprimé contre l'oppresseur. Vous le savez, le repos, les biens, les honneurs, toutes les satisfactions, toutes les facilités de l'existence sont pour qui se résigne et se tait. C'est la liberté, la liberté principe et fin de votre activité généreuse, que nous enseignent toutes vos actions, qui s'exhale de votre vie et de votre mort, qui ressuscite avec vous de vos tombeaux, devenus, comme la pierre sépulcrale des premiers martyrs chrétiens, l'autel d'où monte au Dieu vivant l'encens du sacrifice.

Et, pendant que votre instinct véhément vous pousse au combat et vous incite à mourir pour des vérités obscures, voici que la vérité sereine et calme projette ses splendeurs dans les régions pacifiques de la science et de l'art; voici que, dans le plus beau langage qui se puisse parler aux hommes, la formule est prononcée qui réconcilie à jamais, dans ce qu'elles ont de plus mystérieux à la fois et de plus sensible, la liberté spontanée de l'âme humaine et la nécessité permanente de l'ordre divin. « La clarté des étoiles nous réjouit et nous inspire, et pourtant tout se meut à la voûte du ciel en courbes mathématiques, » écrit celui en qui s'est en quelque sorte personnifiée la science du dix-neuvième siècle[1]. « Plus de lumière ! » murmure le poëte mourant, qui entrevoit le seuil de cette éternité dont il avait dit dans le plus admirable de ses ouvrages que « la trace de ses jours terrestres n'y disparaîtrait jamais[2]. »

[1] A. de Humboldt, *Cosmos*.
[2] Goethe, *Faust*.

« Plus de lumière ! » c'est-à-dire plus de liberté !

Oui, par un merveilleux accord de l'instinct et de la raison, du sentiment et de la connaissance, qui se révèle à nous de plus en plus, en même temps que tout paraît plus nécessaire, tout aussi devient plus libre dans le monde des réalités et dans le monde idéal.

Resté inachevé, le projet de ce grand esprit qui, le premier, rompit avec le dogmatisme ancien et proclama l'identité de la pensée et de l'existence humaines, ce projet d'une « science générale qui puisse élever notre nature à son plus haut degré de perfection[1], » est repris et partiellement exécuté déjà, dans les travaux des hommes de ce siècle[2]; nous y voyons, avec l'unité et la

---

[1] Descartes.
[2] Serait-il besoin de rappeler des noms tels que ceux-ci : Condorcet, Ampère, Auguste Comte, Blumenbach, Geoffroy Saint-Hilaire, Goethe, Serres, Darwin, etc., etc.?

solidarité du genre humain, le développement ascendant d'un pouvoir intellectuel et d'une raison collective qui préparent un milieu social de plus en plus parfait. Dans ce milieu, l'esprit de l'homme, que tant d'accidents contraires et de faux enseignements ont retenu ou repoussé d'âge en âge dans l'erreur et la servitude, se sentira libre enfin, c'est-à-dire capable de contempler la loi d'une vue claire et complète, de telle sorte que le désir de l'accomplir se produise en lui simultanément avec une force invincible.

Tout ce qui est contingence, arbitraire, privilége, tout ce qui semblait être, aux temps d'ignorance, signe de libre arbitre divin ou humain : suspension des lois célestes ou terrestres, miracles, prédestination, réprobation éternelle ou temporelle, tout cela déplaît et répugne à la conscience moderne.

Elle rejette avec dédain cette existence prétendue libre, « contraire à Dieu, ennuyeuse à elle-même[1], » dont elle a trop longtemps caressé la fatigante illusion. Elle abolit sans hésiter ces théologies qui veulent le genre humain libre à leur manière, c'est-à-dire prévaricateur, goûtant en frayeur et en remords le fruit défendu de la science. Elle abjure cette croyance funeste qui suppose l'homme, créature finie, capable d'un mal infini, et qui sépare dans le sein de Dieu l'amour et la justice.

Sa croyance, à elle, son désir, sa béatitude, en deçà et au delà du mystère de la mort qui n'est plus à ses yeux qu'une forme de la vie, c'est la liberté qui vient de Dieu et qui retourne à Dieu « dans la grande mer de l'Être. »

---

[1] *Job.*

C'est la liberté que nous adorons le front leyé, la main dans la main. C'est le sentiment, la pénétration et l'amour de cette ineffable harmonie dont le monde périssable n'est que la figure, qui fait l'homme à la fois le plus spontané et le plus religieusement soumis des êtres terrestres; bienfaisant dans la mesure où il est clairvoyant; plus puissant d'âge en âge selon qu'il sait se rendre plus obéissant : créature et créateur de Dieu dans l'infinité éternelle.

Des grèves de Plouha, 1er septembre 1862.

AVANT-PROPOS

Ce livre n'est l'œuvre ni d'un théologien, ni d'un politique, ni d'un savant. Il n'affirme aucun dogme, n'expose aucun système, ne vient donner aucune loi nouvelle. Son origine et ses prétentions sont moins hautes ; il n'a fallu pour l'écrire ni érudition ni doctrine. Il est résulté un jour de l'ensemble des questions que s'est posées à lui-même un être de bonne foi qui, après avoir beaucoup souffert, beaucoup vu et beaucoup fait souffrir, a cherché dans la simplicité d'un cœur droit, aidé des lumières naturelles d'une raison exempte de préjugés, s'il était ici-bas un bien véritable, accessible à l'être humain ; de quelle nature était ce bien ; quelles étaient les forces dont l'homme pouvait disposer pour s'en assurer la possession.

Ce livre, en un mot, ne se propose autre chose que de résumer et d'éclaircir le travail intérieur qui s'est fait dans une intelligence longtemps incertaine, attirée tour à tour et repoussée par l'erreur, mais soutenue toujours par le désir de la justice : travail qui s'opère aujourd'hui dans un grand nombre d'âmes inquiètes et qui tend à les élever, du fond des angoisses du doute ou des aridités de l'indifférence, jusqu'à une religieuse conception de la destinée humaine.

Le sentiment qui m'a constamment guidée à travers les obscurités de mon esprit et m'a conduite enfin à des conclusions sereines, c'est une confiance inaltérable en la noblesse de notre race. Pénétrée de respect pour la nature humaine, j'ai tâché de trouver, en me plaçant à un point de vue purement humain, une règle exacte qui déterminât l'ensemble de nos rapports avec nous-mêmes, avec nos semblables, avec l'universalité des êtres[1], et qui, se fondant sur nos instincts et sur nos facultés innées, devînt tout à la fois pour nous le devoir accompli, c'est-à-dire la vertu, et la satisfaction de nos véritables

---

[1] Et nos rapports avec Dieu? dira-t-on. Les rapports directs de l'homme avec Dieu rentrent dans un ordre d'idées surnaturelles que je n'aborde point ici. Il convient à tout homme sensé de chercher pour lui-même et pour autrui la règle de conduite la meilleure en ce monde. Il n'appartient qu'aux révélateurs de lui enseigner ce qu'il doit faire pour en conquérir une autre.

besoins, c'est-à-dire le bien-être physique et moral.

Je ne me flatte point de porter la conviction chez autrui au degré où je l'ai acquise pour moi-même; mais, en publiant cet Essai, j'ai présent à l'esprit l'opinion de Vauvenargues, qui dit : « Si vous avez écrit quelque chose pour votre instruction et pour le soulagement de votre cœur, il y a grande apparence que vos réflexions seront encore utiles à beaucoup d'autres, car personne n'est seul dans son espèce. » Dussé-je, d'ailleurs, ne faire que rappeler quelques esprits d'élite à la méditation de ces hauts problèmes en réveillant de nobles curiosités assoupies, je croirais ne pas avoir vainement usé plusieurs années d'une existence que l'amour du vrai a tourmentée longuement et pacifiée enfin.

Je m'estimerais récompensée suffisamment si

j'obtenais pour l'œuvre et pour l'auteur ces sympathies honorables que l'on ne refuse point aux tentatives sincères et aux efforts persévérants, alors même qu'ils n'ont pas été couronnés de succès.

Herblay, 22 octobre 1846.

INTRODUCTION

Je l'ai senti tout d'abord, et chacun va le sentir avec moi, en essayant de me rendre compte des devoirs de l'homme, en cherchant à reconnaître les voies qui le conduisent au bien, je supposais implicitement sa liberté.

Fatalité et devoir sont deux termes qui s'excluent. Tout être qui va fatalement à sa fin n'a point à chercher sa route ni à scruter sa conscience. Pour lui, ni hésitation, ni erreur, ni regret, ni remords.

Tel n'est pas l'homme, cet investigateur jamais satisfait, dont la vie n'est qu'une interrogation ininterrompue, et que la mort surprend encore à douter.

Cependant, on ne saurait se le dissimuler, la liberté, sans laquelle on ne pourrait ni expliquer ni comprendre le mouvement irrégulier de la vie humaine, n'est point une vérité susceptible de démonstration rigoureuse. Elle ne porte pas le caractère de certitude d'un théorème de géométrie. La plupart des sectes religieuses et des écoles philosophiques ont disputé, sans pouvoir s'entendre, sur son existence et son étendue. Kant lui-même, cet infatigable chercheur de certitudes, reconnaît l'impossibilité pour l'intelligence de se prouver à elle-même que ce qui lui *paraît* être vrai l'est réellement. Les conceptions *à priori* de l'esprit humain (et la liberté est la plus nette de ces conceptions) ne sont pas démontrables, suivant lui. Il ne sait, dit-il, comment passer de la vérité subjective à la vérité objective. Mais la liberté, pour parler avec Bossuet, est une *évidence de sentiment* supérieure à toute argumentation. Qu'importe qu'une logique abstraite la révoque en doute ou la nie, puisqu'elle ne saurait être infirmée un instant dans la pratique des choses? Toutes les institutions sociales supposent la liberté. Le plus opiniâtre sceptique réfléchit, hésite, se détermine, agit enfin comme un être qui se sent libre. Faut-il croire que c'est là une illusion de notre organisation imparfaite? Dirons-nous que notre instinct et le témoignage unanime du genre humain nous abusent? Mais alors nous voici incontinent forcés de conclure que l'univers tout entier, tel que le perçoivent nos sens, pourrait bien également n'être qu'illusion, mirage, mensonge; et ce mensonge implique un menteur, ou, comme l'a dit Descartes, « je ne sais quel trompeur très-puissant et très-rusé qui emploie toutes ses forces et toute son industrie à nous tromper toujours. » Qui oserait aller jusque-là ? Quel esprit, si téméraire qu'on le suppose, ne reculerait devant une telle énormité ? Qui pourrait durant toute une vie se confier à cette logique vaine aboutissant à l'absurde ? Préservons-nous d'une aberration si triste ; repoussons, comme indigne d'une saine raison, ces efforts stériles de l'esprit qui nous induiraient à nier ce que tous nos sens affirment et ce à quoi la meilleure partie de nous-même accède d'une impulsion naturelle, lorsque notre intelligence ne se laisse pas séduire par le goût maladif des subtilités métaphysiques ; mais aussi tenons-nous en garde contre un secret penchant de l'orgueil à s'exagérer la nature et les prérogatives de la liberté humaine, et sachons reconnaître les limites étroites que le spectacle de la vie oblige de lui assigner.

L'homme n'a pas été libre de naître ou de ne pas naître. Nul ne l'a consulté pour savoir s'il voulait venir au monde en un temps plutôt qu'en tout autre, à une époque plus ou moins avancée de civilisation, en tel ou tel rang de la hiérarchie sociale, sectateur de Bouddha, disciple de Jésus-Christ, soldat de Mahomet.

Il n'a choisi ni le lieu de sa naissance, ni la race dont il est issu, ni la famille à laquelle il appartient, ni les parents qui lui ont donné le jour, ni l'idiome qu'il parle, ni sa forme extérieure, ni ses penchants, ni ses facultés; il ne lui a pas même été demandé s'il voulait être homme ou femme. N'ayant fixé ni le temps ni le lieu de sa naissance, il ne fixera pas davantage le temps ou le mode de sa mort[1]. Oh! qu'il est

[1] Sauf dans le cas de suicide, presque toujours déterminé

circonscrit le champ où va se mouvoir la libre activité d'une créature ainsi maîtrisée par des forces inconnues ! Que la limite extrême en est vite atteinte ! Que son plus haut sommet a des horizons rapprochés ! Et pourtant l'exercice de cette liberté conditionnelle, dans son cercle infranchissable, suffit à l'homme, parce qu'il n'est pas fait pour la liberté absolue et qu'il ne l'a jamais possédée. Elle lui suffit pour qu'il se considère comme un être supérieur aux autres êtres, pour que sa propre destinée l'intéresse, pour qu'il veuille impérieusement, durant le cours rapide de sa vie mortelle, conquérir une part d'immortalité qu'il rêve, soit dans un monde supérieur, soit dans une perpétuelle métempsycose, soit dans des générations successives d'êtres issus de lui qui le perpétuent,

d'ailleurs soit par une disposition anormale, souvent héréditaire, soit par des circonstances indépendantes de la volonté.

soit enfin dans la mémoire de ses semblables ; car c'est sous l'une de ces quatre formes que le désir d'immortalité se produit dans l'homme et l'élève à ses propres yeux au-dessus de tous les êtres terrestres.

Posons donc sans hésiter, forts des affirmations de la conscience humaine et de notre indomptable instinct, posons comme vérité fondamentale, et prenons pour point de départ dans l'étude de la vie, la liberté, une liberté restreinte, mais suffisant au développement des facultés, à la notion du bien et du mal, et par suite à l'institution des lois civiles et religieuses. Nous admettons cette vérité sur l'évidence du sentiment ; quiconque la nie et s'attache au sombre dogme de la fatalité ou à la décevante sagesse du scepticisme (*)[1] doit dès à

---

[1] Les notes indiquées par des lettres se trouvent à la fin du volume.

présent fermer ce livre, comme il a déjà fermé son intelligence à toute notion de vertu, de dévouement, de gloire, d'héroïsme; comme il a fermé sa vie à tout désir de progrès, à tout principe de grandeur.

ESSAI SUR LA LIBERTÉ

LIVRE PREMIER

I

DE LA LIBERTÉ HUMAINE

> « La dignité de la nature humaine se fonde tout entière sur la liberté morale. »
> ANCILLON.

Dans l'immense série des êtres qui composent et peuplent le globe, nous voyons, au sein d'une perpétuelle métamorphose, et poussée par cette force mystérieuse que nous appelons la vie, la matière se dégager lentement d'un état presque inerte, combiner ses éléments, et, s'élevant toujours, par une gradation insensible, parvenir à son expression la plus parfaite, à l'individualité; ou, ce qui revient au même, car les deux termes correspondent rigoureusement, à la liberté humaine (*b*).

A partir de la matière inorganisée, la nature, en traversant les règnes et les espèces, observe une progression constante, où la perfection de l'organisme et l'intensité de la vie sont en proportion directe avec le degré d'individualité ou de liberté conquis (*c*). Spectacle admirable, dont l'homme se laisse trop aisément détourner! Enseignement profond pour qui le saurait bien comprendre!

L'énergie organisatrice arrive dans le règne humain [1] à son plus haut point de perfection. Parvenue là, la nature s'arrête (*d*), ou plutôt elle rétrograde et redescend, pour les remonter en-

---

[1] Je me sers à dessein de cette expression, inusitée chez nous,

core, dans son activité infinie, les mystérieux échelons de l'éternelle métamorphose. Elle se refuse à rien produire de plus achevé. L'homme est l'information suprême et comme la vivante synthèse des forces génératrices du globe, et ce n'est pas sans raison qu'un grand poëte l'a nommé « le *sensorium commune* de la nature (*e*). »

Cependant, à sa venue au monde et durant les premiers temps de son existence, ce qu'il y a de vraiment humain en lui n'est encore nullement sensible. Il ne donne que de légères indications d'une vague et animale spontanéité. Dépendant de tout, incapable de satisfaire à ses besoins ou même de les exprimer clairement, plus empêché que les petits des animaux, il peut sembler inférieur à eux ; le jour où son excel-

---

mais employée par les naturalistes allemands. [M. Isidore-Geoffroy Saint-Hilaire l'a adoptée depuis lors. — *Note de la deuxième édition.*]

lence générique se révèle est le jour où paraît en lui la liberté ; non plus seulement cette liberté commune à la brute d'opter entre un nombre très-limité de mobiles inférieurs [1], mais cette liberté noble et régulatrice qui le fait délibérer dans un ordre de choses purement intellectuel et se gouverner selon des motifs désintéressés, souvent contraires à ses intérêts apparents, en se conformant à des notions abstraites d'honneur, de devoir, de sacrifice.

Cette liberté d'une nature supérieure et par laquelle nous sommes initiés à la vie morale (¹) en devenant responsables de nos actes, cette liberté, qui n'est à bien dire qu'une obéissance

---

[1] Comme, par exemple, lorsqu'un chien se décide à suivre tel chemin plutôt que tel autre, à obéir ou à désobéir au commandement de son maître. Il serait plus exact de désigner cette liberté inférieure sous le nom de *spontanéité*. Elle se rencontre déjà à un certain degré dans les substances qui s'attirent et se combinent avec préférence. Elle a été caractérisée dans ses effets par un chimiste éminent, sous le nom d'*affinités électives*.

raisonnée à la loi suprême et un acquiescement de notre esprit à la vérité bien connue, n'est pas également dispensée à tous les hommes, ni à tous les instants de la vie de chaque homme. Elle se proportionne constamment à l'énergie avec laquelle l'individualité s'accuse. La première enfance, la caducité, la maladie, sont des temps de passivité et d'indifférence morale où l'homme ne vit guère que de la vie végétative. Telle peuplade barbare, telle classe même de certaines sociétés qui se croient civilisées, sont à peu-près dépourvues d'individualité ou de liberté. Il est encore sur le globe des peuples entiers qui ne connaissent guère d'autre motif d'agir que leur instinct, et dont la réunion porte plutôt le caractère d'uniformité d'une société de castors ou d'abeilles que celui de libre diversité propre aux sociétés humaines. Tout homme resté complétement dépendant de son organisation, dont l'esprit demeure, pour ainsi parler, engagé dans la matière, ne connaît point la liberté véritable ; à cet égard il se montrera quelquefois plus différent d'un autre homme qu'il ne le sera de certains individus favorisés parmi les animaux.

Pour l'être intelligent, au contraire, ces deux termes, *loi* et *vérité*, correspondent exactement. Leur complète identité dans l'esprit humain serait l'émancipation sociale et religieuse. Où la conviction règne, il n'y a plus de tyrannie.

Tant que l'âme humaine ne s'est pas délivrée des liens de la nécessité, elle demeure à l'état de l'enfant encore attaché aux flancs de sa mère ; elle participe à la vie universelle, mais elle n'a point de vie qui lui soit propre. C'est par cette délivrance de nous-mêmes que nous entrons dans l'exercice des droits de notre race et que, pour rappeler l'expression d'un grand docteur, nous devenons citoyens de la *cité de Dieu*. Là seulement, dans cette noble cité, éclairée d'une permanente lumière, nous posséderons cette paix supérieure, vainement cherchée au dehors, cette béatitude pressentie qu'aucune volupté ne supplée et qui n'est, en quelque sorte, que l'épanouissement naturel de notre âme dans l'atmosphère idéale de la vérité.

Or, cette délivrance de l'entendement n'est autre chose que l'éveil de la conscience du bien et du mal.

II

DE LA CONNAISSANCE DE SOI

> « Celui qui s'ignore soi-même ignore le fondement de toutes les vertus, et par suite toutes les vertus. »
> Spinoza.

Sans la connaissance du bien et du mal, la liberté humaine ne trouve pas à s'exercer : rien ne la détermine; elle sommeille dans une indifférente ineptie, et les instincts bruts gouvernent seuls l'existence. Mais cette connaissance, où la chercher, comment l'acquérir? Connais-toi toi-même, répond la sagesse antique. En effet, placé comme il l'est au sommet de l'échelle des êtres terrestres, la connaissance de soi devient pour l'homme le dernier terme et comme l'accomplissement de la science ; car, s'il veut savoir quel il est, se rendre compte de ses besoins et de ses facultés, il est conduit à l'étude de ses rapports avec l'ensemble du monde phénoménal ; il ne saurait s'isoler de la terre sur laquelle il marche, des astres qui l'éclairent, de l'air qu'il respire, des animaux et des plantes dont il se nourrit, de tout ce qui protége, menace, attriste ou charme son existence. Son entendement est comme le point d'intersection où se croisent les rayons les plus distants des vérités éparses, et, par un don vraiment divin, la science s'y métamorphose en sagesse. Les anciens le sentaient bien lorsqu'ils nommaient l'homme *microcosme;* toutes les forces élémentaires ont un rapport direct et des affinités intimes avec lui. Lorsqu'il dilate sa poitrine, il respire en quelque sorte l'haleine du globe; en mettant la main sur son cœur, il y sent battre la vie des mondes.

La négligence qu'apportent la plupart des hommes dans l'étude de cette science d'eux-mêmes a lieu de confondre. Combien il en est peu qui connaissent leur propre structure, le jeu de leurs organes, les diverses fonctions des muscles, des nerfs, du cerveau! Que le nombre est grand, au contraire, de ceux qui n'ont jamais réfléchi sur ce travail de transformation perpétuelle qui fait du germe le fœtus, du fœtus l'enfant, de l'enfant l'homme, de l'homme le vieillard, du vieillard le cadavre, et du cadavre la molécule insaisissable! Honteuse stupidité d'un être si superbe! triste bandeau d'ignorance au front de cette triste majesté! L'homme déclare qu'il est le roi de la création, et ne sait seulement pas par quelles lois il respire! Qu'importe, dira-t-on, s'il doit toujours arriver à l'inexplicable et se heurter contre le mystère? Raisonnement de paresse, lâcheté d'esprit. Sachons être homme, et pour cela sachons comment nous le sommes. Poursuivons le mystère (⁹); forçons-le à reculer; avançons hardiment même dans les ténèbres; que chaque individu, que chaque siècle apporte son flambeau. Descendons dans les profondeurs de la vie, comme Faust chez les *Mères*. Qui sait si nous n'en ramènerons pas l'Hélène rajeunie, la Psyché éternellement vivante, le secret de l'âme universelle! La sublime vision du poëte, ou plutôt les superstitions de la magie, de l'astrologie, de l'alchimie, dont cette vision est le symbole, ne seraient-elles pas dans l'humanité un vague mais opiniâtre pressentiment de ses destinées futures, instituées un jour par la toute-puissance de la science? Quoique l'homme, dans son rapide passage sur la terre, ne puisse saisir qu'un point de l'espace et un moment de la durée, il n'est pas impossible que, par voie d'analogie, il n'arrive à comprendre l'unité de la loi éternelle, et que le rapport mystérieux de l'organisme des sociétés avec l'organisme des mondes ne lui soit enfin dévoilé. Ce jour-là, un grand cri de liberté retentirait dans l'univers ; l'homme, d'accord avec lui-même, sentirait et glorifierait le sens de ces paroles : qu'il a été fait à l'image de Dieu. Les principes par lesquels il devrait gouverner ses destinées sociales lui apparaîtraient comme par enchantement ; il connaîtrait alors ce qu'il ne fait que pressentir aujourd'hui, c'est qu'il n'y a qu'une loi, qu'une science. L'ordre invisible du monde psychologique est semblable à l'ordre du monde visible : celui qui en trouverait l'analogie exacte serait le véritable rédempteur de la vie terrestre ; car alors l'unité de Dieu ne serait plus seulement une foi instinctive, elle deviendrait une évidence scientifique. *La nature expliquée par la raison*[1], telle sera, tout porte à le croire, la religion de l'avenir.

[1] Expression de Socrate.

III

DES INSTINCTS

> « La raison ne découvre rien de plus que ce à quoi nous pousse l'instinct, et qui est précisément ce pour quoi notre nature a été faite. »
> JOUFFROY.

Nous venons de voir que l'exercice de la liberté n'est pas possible sans la connaissance, et que la connaissance de soi est la plus essentielle à l'homme, parce qu'il trouve en elle la réunion de toutes les autres. Mais l'étude que l'homme fait de lui-même est infructueuse et mêlée de beaucoup d'erreurs lorsqu'elle n'embrasse pas la totalité de son être. Les psychologues et les physiologistes, en se livrant séparément à l'observation exclusive des opérations de l'entendement ou à celle des fonctions animales, à l'étude de l'âme ou à celle des organes, ne saisissent dans leur travail de décomposition qu'un fragment de vérité. A ces méthodes bornées l'identité du moi indivisible échappe; le flot puissant de la vie traverse nos catégories et nos disciplines sans plus s'y arrêter que les vagues de la mer aux réseaux du pêcheur. L'être humain ne se laisse point partager ainsi. Quoique très-complexe dans son organisme, il est un dans son essence; l'action constante, réciproque, indiscernable, au dedans de lui, de ce qu'il appelle *esprit* et de ce qu'il appelle *matière*, l'en avertit assez (*). A la mort seule appartient de dissoudre ce que la vie a voulu si mystérieusement confondre et unir. Étudions donc le phénomène dans son intégrité, et n'intervertissons point, dans nos observations, l'ordre où il se produit. Commençons par le commencement.

En remontant au moment de l'apparition de l'homme en ce monde, à ce moment où, à peine sorti des flancs de sa mère, la vie ne se révèle encore que par des mouvements automatiques, que voyons-nous, qu'entendons-nous? Des vagissements plaintifs, expression d'une sensation douloureuse causée par le contact de l'air atmosphérique qui frappe subitement ses organes délicats, jusque-là préservés; puis aussitôt l'impulsion qui pousse le nouveau-né vers le sein de la femme pour y chercher l'apaisement de sa première faim. Ces deux manifestations se rapportent à l'instinct de conservation ou d'égoïsme. A quelque temps de là, on verra l'enfant tourner ses regards vers les objets qui lui plaisent, leur sourire, tendre la main vers eux. Ce qui l'entraîne ainsi vers les formes extérieures, c'est l'instinct d'attrait ou de sympathie, magnétisme occulte,

2.

rayon voilé du grand foyer d'amour qui échauffe et anime l'univers. Ces deux tendances invincibles, inhérentes à la vie, sont le principe de toute activité. Favorisées ou réprimées, bien dirigées ou faussées, elles prennent tous les caractères, déterminent la nature des passions et des vertus; elles fécondent ou stérilisent les facultés.

L'étude de l'instinct d'égoïsme nous fera connaître ce que l'homme se doit à lui-même. Dans l'étude de l'instinct de sympathie, nous découvrirons la raison de ses devoirs envers son semblable.

L'harmonie entre ces deux forces observées aux premières lueurs de l'existence, et dont l'une nous pousse hors de nous, tandis que l'autre nous y ramène; dont l'une, pour nous servir d'un terme scientifique, est centrifuge et l'autre centripète (¹), compose cette vertu suprême de justice que l'on peut considérer comme la loi de gravitation de l'âme humaine, loi universelle, dont l'accomplissement volontaire est le devoir tout ensemble et la satisfaction de son existence terrestre, et hors de laquelle il n'est pour elle que perturbation, erreur et souffrance.

IV

DE L'INSTINCT DE CONSERVATION OU D'ÉGOÏSME

> « Tout ce qui était en moi tendait à me conserver, et marquait, par cette conspiration générale de toutes les parties de la nature à une même fin, cette unité souveraine et ineffable dont j'avais tiré mon origine. »
> SAINT AUGUSTIN.

L'instinct de conservation, le premier éveillé dans l'homme, lui marque suffisamment qu'il doit vouloir son propre bien. C'est là une de ces évidences qu'il serait oiseux de s'attacher à démontrer. Mais ce bien, quel est-il? Comment le définir? Dans la généralité de l'abstraction, l'*être* et le *bien* ne sont qu'un. Suivre la loi qui a présidé à sa formation, aller à sa fin, c'est la notion la plus étendue et la plus juste du bien. Applicable à tout, à l'espèce et à l'individu, c'est le seul bien que nous puissions concevoir pour le minéral, pour la plante, pour l'animal, c'est le bien commun à l'orbe lumineux qui parcourt l'espace, et à l'infusoire imperceptible qui naît et meurt dans une goutte d'eau. Mais nous avons vu qu'il est en outre un bien particulier à l'homme; car les êtres dénués de sensibilité, de volonté ou de liberté, fatalement poussés vers leur fin, selon le rigoureux enchaînement de l'ordre physique, ne connaissent pas le bien moral, qui n'est autre chose que le devoir accompli, tandis que l'homme, au contraire, et l'homme seul sur le globe, se voit investi de la dangereuse prérogative et de l'insigne puissance d'entraver ou de seconder la nature, de transgresser ou de suivre ses lois : puissance d'où dérive pour lui le devoir, c'est-à-dire selon qu'il l'observe ou le viole, le bien ou le mal moral.

Tout autre bien est indigne de lui; il s'égare en le poursuivant, souffre et s'altère en croyant jouir; il déroge à la noblesse de sa race et se dégrade, soit qu'il désire, soit qu'il regrette des joies inférieures. Ce lui serait un signe certain de déchéance si, par impossible, il trouvait la satisfaction dans la servitude et le bonheur dans un moindre être. Ne subissons pas une telle abjection. Sachons nous élever par la connaissance au-dessus de nos instincts, au-dessus de la région sensible, aveugle, fortuite des faits où tout se produit confusément, comme à notre insu et malgré nous, pour entrer dans la région intellectuelle, claire et permanente, où l'harmonie des lois nous apparaît et où nous nous concevons nous-mêmes comme un agent libre apportant à leur exécution le concours volontaire de notre activité réfléchie.

On ne saurait trop le répéter, l'homme est de condition libre. La liberté est le principe et la fin de la vie qui lui est propre. Plus il est libre, plus il est homme. Se soustraire à toutes les forces tyranniques, matérielles ou spirituelles, préserver, maintenir, accroître en lui cette liberté par laquelle il cesse d'être *chose* et devient *personne*, c'est conséquemment son premier devoir envers lui-même; ajoutons le seul, car, bien compris, il renferme en soi tous les autres.

V

INSTINCT DE SYMPATHIE

> « L'homme, en un mot, n'est homme que parce qu'il a su se réunir à l'homme. »
> BUFFON.

L'instinct de sympathie, qui s'éveille dans l'homme si promptement après l'instinct de conservation, le met en rapport avec l'ensemble des choses, mais spécialement avec son semblable. L'attrait qui le rapproche des autres êtres, et surtout des animaux susceptibles d'éducation domestique, est souvent très-vif; toutefois il n'entre en communication intime et complète qu'avec la créature libre au même degré que lui, avec l'homme, son égal dans la hiérarchie terrestre, au moyen du langage, expression suprême de la liberté.

C'est par lui et avec lui, en vertu de la faculté qu'il a reçue de s'identifier avec tous les sentiments et toutes les pensées et de se transporter par la mémoire et l'imagination à travers l'espace et la durée dans tous les lieux, chez tous les peuples, qu'il arrive à une complète conscience de soi et prend véritablement possession de la vie. Sans le développement collectif de la famille et de la société, la nature humaine restait imparfaite ; car, non-seulement l'homme isolé n'eût pas inventé cette multitude d'instruments et de machines qui ont centuplé la force et la subtilité de ses organes, non-seulement il n'aurait jamais traversé les mers, dirigé la foudre, calculé la marche des astres, connu le globe et soumis à son usage tous ses produits, mais encore il n'eût pas pénétré dans les secrets de son être; le germe des vertus morales n'eût point été fécondé; l'excellence et la dignité de sa nature ne lui fussent jamais apparues.

De funestes hostilités, il est vrai, des conflits sanglants naissent et se multiplient au sein tumultueux de cette vie collective; le bien particulier s'y trouve souvent en apparent contraste avec le bien de tous; mais la vue de ce mal accidentel ne doit point égarer notre jugement. Il est hors de doute que la société, dans l'ensemble de son organisme, est un tout sympathique soumis aux mêmes lois qui régissent l'individu, et qu'une solidarité, invisible mais réelle, relie entre eux tous les membres du corps social (²), dont nul ne saurait troubler l'harmonie générale (³) sans troubler d'une manière plus ou moins sensible l'harmonie de sa destinée propre.

Nul ne fait souffrir sans ressentir tôt ou tard,

médiatement ou immédiatement, le contre-coup de la souffrance qu'il a infligée. Nul ne peut attenter à la liberté d'autrui sans attenter, au dedans de lui-même, au principe de la liberté morale qui ne subsiste pas sans la justice. Le tyran n'est ni plus libre ni plus heureux que l'esclave; tandis que tous, dans un ordre social conforme à l'équité, arrivent tour à tour par la lutte et par l'union des forces, par l'action et la réaction perpétuelle de l'individu sur la masse et de la masse sur l'individu, à la *somme* de vitalité virtuellement contenue dans la nature humaine et que l'homme isolé n'aurait jamais atteinte. Le devoir de l'homme envers son semblable, au sein de la vie sociale, est donc identique à son devoir envers lui-même. L'égoïsme bien entendu lui suggère qu'il doit à autrui précisément ce que, dans la dualité de son propre être, le *je* doit au *moi;* car chaque famille, chaque nation, chaque société poursuit par des moyens analogues une fin pareille et aspire à la possession d'un bien identique : l'humanité tout entière n'en connaîtra point d'autre dans la durée des siècles. Qu'imaginer, en effet, pour un être quel qu'il soit, de supérieur au sentiment parfait de l'existence qui lui est propre? Peut-on supposer, en dehors des croyances surnaturelles, pour l'homme ou pour le genre humain, autre chose à conquérir ici-bas que l'intégrité de la vie (¹)?

Ainsi donc nous sommes autorisés à définir le devoir de l'homme envers son semblable exactement dans les mêmes termes que ses devoirs envers lui-même. Il lui est enjoint par la loi de son être de respecter et d'accroître, s'il se peut, dans autrui ce qui constitue essentiellement la vie humaine. Nous devons toujours, autant qu'il dépendra de nous, affranchir notre semblable des entraves apportées à l'exercice de ses facultés et à la dignité de son existence, soit par les infirmités de sa nature, soit par des circonstances extérieures défavorables, soit par l'ignorance ou par l'esclavage, soit par la maladie ou la misère, soit par la superstition ou par le vice. Nous devons, dans l'ordre matériel, guider l'aveugle, porter le paralytique, délivrer le prisonnier, vêtir celui qui est nu, nourrir celui que presse la faim, abriter celui qui n'a point d'asile; et, dans l'ordre moral, enrichir le pauvre d'esprit, encourager le faible, ramener celui qui s'égare, rendre par le pardon à qui nous a offensé la liberté intérieure qu'étouffe le remords. Ce devoir se modifie et se règle dans la vie collective suivant la nature des rapports qu'engendre le commerce des hommes entre eux. Il y a supériorité, égalité ou infériorité (je me place ici au point de vue absolu, indépendant des conditions sociales), selon que l'on entre en relation avec des êtres moins libres, aussi libres ou plus libres que soi, et ces relations diverses impliquent des devoirs divers.

Les rapports de supériorité imposent le devoir d'éducation ou d'initiation : c'est le devoir des parents envers leurs enfants, des maîtres envers leurs disciples, des souverains envers leurs sujets, de tous ceux enfin qui se trouvent placés vis-à-vis d'un certain nombre d'hommes dans des conditions d'autorité et de pouvoir. L'exercice de ce devoir est la plus belle prérogative de l'esprit humain. Répandre autour de soi et communiquer à ses semblables la vie morale ou la liberté, c'est faire une œuvre quasi divine et que nul assurément ne voudrait négliger s'il en comprenait bien toute la grandeur.

Dans les rapports d'égalité ou de fraternité intellectuelle, il y a devoir d'aide mutuelle, réciprocité de conseil, de secours, pour s'affranchir des obstacles matériels ou spirituels qui s'opposent au développement de la vie.

Dans les rapports d'infériorité, l'homme se trouve-t-il en présence d'êtres plus raisonnables, plus excellemment hommes que lui, il leur doit une déférence et une soumission, non point aveugles, mais fondées sur la certitude qu'il lui est utile de se laisser conduire vers les régions supérieures de la connaissance par ceux qui les habitent. Cette obéissance réfléchie et volontaire est un acte de liberté, non de servitude; cette autorité naturelle, légitime, paternelle selon l'esprit, est celle de Socrate sur Phédon, de Jésus sur Jean, de Mahomet sur Ali, etc.; elle a sa raison dans la grande loi des inégalités, des hiérarchies naturelles, qui, dans l'ordre moral comme dans l'ordre physique, préside à toutes les harmonies de l'univers.

Tels sont les trois rapports essentiels de l'homme avec son semblable, abstraction faite des lois, des coutumes, des rangs marqués par les conventions sociales. Et, dans ces trois rapports, nous verrons tout à l'heure que le plus grand bien sera la liberté la plus grande, c'est-à-dire, ne l'oublions jamais, la plus volontaire soumission à la loi naturelle, qui n'a pas pour l'homme social d'autre principe et d'autre fin que pour l'homme individuel.

LIVRE II

VI

DES ORGANES.

> « Une chose propre à l'esprit est de ne pouvoir exercer ses facultés que par des organes sains. »
> Saint Grégoire.

L'étude de soi a conduit un penseur spiritualiste jusqu'à l'excès à définir l'homme ainsi : *une intelligence servie par des organes.*

Prenons acte de cette concession. C'est par les organes en effet que l'homme entre en rapport avec le monde extérieur et avec lui-même. De leur flexibilité, de leur délicatesse, disons de leur *liberté* plus ou moins grande (^m), dépendent principalement la justesse et l'harmonie de ces rapports. Plus les sens sont exquis, plus la vérité nous arrive pure. Une vue myope, une ouïe obtuse, un rude toucher ne transmettent à l'intellect que des perceptions vagues qui engendrent des notions confuses; la qualité et le mouvement du sang exercent sur les opérations du cerveau une influence incontestable (^n). La philosophie la plus idéaliste n'essayerait pas de nier que la maladie, les infirmités, la faiblesse ou le trouble des organes, en entravant la communication de l'esprit avec le reste des êtres, ne puissent fausser ou oblitérer les notions les plus indispensables à la vie morale (^o). L'excès d'un vin capiteux, la morsure d'un chien enragé, un coup à la tête, suffisent à renverser les plus hautes sagesses et transforment un homme de génie en un fou furieux. Sans doute on a vu de grandes âmes (et ce ne fut pas une faible marque de leur grandeur) triompher d'une constitution débile, Descartes et Spinoza en sont de signalés exemples ; mais qui nous dit qu'une part regrettable de leurs forces mentales ne s'est pas vainement usée dans cette lutte sans relâche avec la souffrance ? Ce qu'il y eut d'obscur ou d'incomplet dans leurs vues ne serait-il pas imputable à une défaillance de l'appareil nerveux, incapable de soutenir assez longtemps l'esprit dans les régions supérieures ? Et, pour ne citer qu'un nom, croit-on que Pascal, ce vaillant athlète de la pensée, ce logicien intrépide, eût jamais fléchi, croit-on qu'il eût jamais consenti à *s'abêtir* dans une foi aveugle, sans l'épuisement physique où le jetaient les tortures continues d'un mal implacable ?

S'il était possible à l'homme de séparer, d'abstraire entièrement son esprit de l'enveloppe matérielle dont il est revêtu, on comprendrait à la rigueur que certaines âmes superbes et exaltées prissent en dédain cette partie de notre être que nous voyons sujette à tant de maux, exposée à tant de dégoûts, si promptement flétrie, caduque, inclinée vers la terre, où l'attendent les vers et la pourriture. Mais la chair et l'esprit étant ici-bas inséparablement unis dans une mutuelle dépendance, ce mépris, ce dédain qu'on affecte, est contraire au bon sens et à la nature. La doctrine chrétienne l'a enseigné, il est vrai ; elle a prononcé un divorce plein de haine entre l'âme et le corps ; elle a anathématisé la chair : c'est un des points par lesquels elle a touché l'erreur, erreur assez expliquée du reste par la nécessité des temps. La réaction des idées spiritualistes a été excessive comme toutes les réactions ; aussi est-elle tombée dans une inconséquence flagrante, car, tout en déclarant le corps humain abject, haïssable, voué au péché et à la putréfaction, elle se voyait forcée de dire que ce même corps était le temple du Dieu éternel et devait un jour ressusciter glorieux. Contradiction surprenante, échappée pourtant à l'attention du plus grand nombre! tant l'esprit humain est porté à la crédulité, à la paresse, et par suite à l'acceptation des notions qui lui sont imposées dans l'enfance des sociétés.

Rentrons dans le vrai ; ne craignons pas d'accepter les conditions de notre nature : ce n'est pas la réalité qu'il faut craindre, dit Buffon, mais la chimère. Ne nous forgeons donc point des vertus chimériques en désaccord avec l'expérience, et prenons-nous tels que nous sommes ; l'œuvre de Dieu est trop sacrée pour qu'il en faille rien retrancher. L'antagonisme prétendu du corps et de l'âme est une œuvre de la faiblesse de notre esprit, où la notion d'unité ne pénètre qu'avec des peines infinies. Je ne vois, quant à moi, qu'impiété dans cette humilité orgueilleuse de la créature, qui avilit une partie d'elle-même afin de mieux glorifier l'autre, se fait ange et brute pour ne pas se reconnaître homme, et, dans sa conception puérile, s'imagine corriger la nature en détruisant l'harmonie et l'unité de son être.

C'est par les sens que les connaissances objectives nous viennent, ou, pour emprunter le langage de Kant, que *la matière est jetée au moule de l'entendement;* d'où il appert que l'homme se doit à lui-même un soin religieux de son corps et l'attention la plus scrupuleuse à préserver et perfectionner des organes sans lesquels son intelligence, séparée du monde phénoménal, demeurerait comme ensevelie dans un ténébreux cachot, esclave d'une ignorance si complète, qu'elle ne soupçonnerait pas même sa propre existence. C'est pourtant à un tel état que nous conduirait la doctrine du mépris des sens, si par bonheur, en partant d'un principe aussi faux, il n'était pas impossible à l'esprit humain de rester logique. Pour nous, qui ne voulons pas nous éloigner de la nature et qui, la prenant pour base de nos méditations, ne prétendons pas réformer l'ordre éternel, nous saurons honorer notre être tout entier. Nous verrons dans son organisme l'instrument précieux de la connaissance, et nous nous efforcerons de donner à cet instrument un jeu libre et régulier ; dans les pages suivantes nous examinerons par quels moyens.

VII

SUITE DES ORGANES.

> « La morale austère anéantit la vigueur de l'esprit, comme les enfants d'Esculape détruisent le corps pour détruire un vice de sang souvent imaginaire. »
>
> VAUVENARGUES.

L'expérience enseigne que l'équilibre des forces physiques ou le libre jeu des organes s'obtient par l'exercice et la tempérance. Les Grecs, ce peuple si profondément pénétré du respect de la forme humaine, réservaient une part considérable à la gymnastique dans l'emploi de leurs jours. Il n'est point de défaut naturel qui, pris à temps, ne puisse être victorieusement combattu par une judicieuse répartition de ces exercices, jointe à une hygiène bien combinée (ᵖ); aucun organe qu'on ne puisse fortifier ou affaiblir, perfectionner ou vicier, par l'usage ou l'abus qu'on en fait. Cette science de l'éducation des organes est déplorablement négligée parmi nous : on la livre au hasard ou même le plus souvent on contrarie la nature. Aussi rien de plus rare aujourd'hui qu'un organisme harmonieusement développé. Nous ne savons exercer un sens qu'au détriment des autres (ᵠ). L'homme civilisé, qui met à si haut prix la culture savante des végétaux, l'amélioration des races animales, qui s'est appliqué avec tant d'amour à obtenir dans les espèces et les individus des règnes inférieurs une beauté plus pure de couleur et de forme, n'a pas encore daigné s'occuper de la culture et du perfectionnement de sa propre espèce (⁷); il est même certain qu'il l'a laissé détériorer, comme en font foi les récits des âges primitifs et les exploits, fabuleux pour nous, des héros antiques. Que sont devenues la force d'Hercule, la puissance d'Orphée, la beauté d'Hélène?

Dans l'orgueilleux vertige de ses contemplations métaphysiques, dans l'éblouissement de ses visions superterrestres, l'homme a, pour ainsi dire, cessé de se voir lui-même; il a forfait à son devoir le plus proche. Par sa faute, la plus belle œuvre de la nature s'est altérée (⁸).

La forme humaine, abandonnée à l'action du temps, a perdu peu à peu dans ses proportions cette juste concordance de force et de grâce, cette exquise harmonie, cette admirable sérénité qui paraît dans l'art grec et dont l'art moderne, triste écho des dissonances de la nature moderne (qu'on me passe l'expression), n'offre plus d'exemple (¹).

La tempérance est un moyen plus certain peut-être encore de maintenir les forces physiques dans l'état normal indispensable à la pleine liberté de l'âme. Je dis à dessein la *tempérance* et non l'*abstinence*, contrairement aux opinions extrêmes qui, supposant un état de guerre perpétuelle entre l'esprit et la chair, veulent qu'on dompte celle-ci, qu'on la tienne captive, qu'on la mortifie par les macérations et la privation de tous plaisirs. Ce sont là des fantaisies de l'imagination surexcitée, une sagesse inconsidérée qui se joue du bon sens en conseillant ce qu'elle ne saurait prescrire sans anéantir le mouvement des êtres (*). J'estime l'extrême austérité insensée à l'égal de l'extrême licence. Si l'une amène l'atrophie, l'autre produit l'exaltation du cerveau. Toutes deux vont contre le vœu de la nature, substituent un désordre à un autre désordre et rompent l'équilibre. Ouvrons les yeux et reconnaissons l'évidence. Ce qui est bon au corps est utile à l'âme. Tous les plaisirs des sens, les spectacles qui réjouissent l'œil, les mélodies qui plaisent à l'oreille, les parfums qui charment l'odorat, les saveurs agréables au goût, toutes ces choses, possédées avec mesure et convenance, donnent au corps un bien-être qui place l'intelligence dans les conditions les plus propices à la justesse des perceptions et à l'appréciation équitable des choses. C'est l'erreur des esprits chagrins ou des organisations maladives, de croire que l'homme s'avilit par le sentiment des voluptés naturelles : tout au contraire, le plaisir l'anime, la joie ouvre son cœur à la bénignité; le bonheur, s'il savait s'y tenir, serait pour lui la révélation la plus haute de sa royale origine et des simples grandeurs de sa destinée[1].

[1] M. Jean-Reynaud, dans son beau livre *Terre et Ciel* (t. 1, p. 93), publié en 1854, développe cette même série d'idées. Il n'avait sans doute pas lu l'*Essai sur la liberté*, publié pour la première fois en 1847, puisqu'il ne l'a pas cité. J'en dirai autant du livre *la Liberté*, publié en 1859, par M. Jules Simon, et dont la page 6 (t. I) reproduit en termes excellents les observations qui remplissent les pages 9 et 10 de l'*Introduction* de mon *Essai*. Plus d'une fois, dans l'espace de temps qui s'est écoulé entre la première publication de l'*Essai* et l'édition actuelle, j'ai eu la grande joie et la petite contrariété de reconnaître chez plusieurs auteurs des affinités analogues, et de même passées sous silence. Je crois cependant que les philosophes et les moralistes serviraient mieux la vérité, en s'autorisant, comme le font les savants, de la concordance et de la suite des opinions. — *Note de la deuxième édition.*

VIII

DE LA PASSION

> « Je verrai sans cesse attribuer à la nature des choses les fruits amers de l'égarement humain. »
> SÉNANCOUR.

Supposons dans un corps robuste une intelligence bien à l'aise, servie par des organes excellents qui la mettent harmonieusement en rapport avec le monde extérieur, elle rencontrera dans les profondeurs mêmes de son être une force redoutable si elle n'apprend à la diriger : cette force, c'est la passion.

En la désignant sous le nom de concupiscence,

appétit, désir, volition, velléité, etc., les philosophes et les moralistes s'accordent à voir en elle une ennemie acharnée de la sagesse et du bonheur, qu'il faut toujours, en toutes circonstances, à tous ses degrés, combattre, anéantir s'il est possible. Suivant quelques théologiens, la passion est un agent du démon, incessamment occupé à tenter l'âme, à la solliciter au mal, à la séduire, pour l'entraîner à sa perte éternelle. Je crois ce point de vue sinon complétement erroné, du moins beaucoup trop exclusif. La passion, dans l'acception générale qu'a prise le mot, est un élan, une impulsion vive de l'être, qui a sa source dans l'un des deux instincts primitifs (quelquefois dans les deux) d'égoïsme ou d'attrait, et produit des désirs, des volontés, des actes, des jouissances et des souffrances d'une intensité telle que l'homme y succomberait infailliblement, sans les intermittences, les langueurs et les défaillances nécessaires, marquées par la nature, qui le sauvent de lui-même et de sa propre énergie. Est-ce à dire que la passion soit essentiellement subversive? Non sans doute; nulle force n'est de soi ni bonne ni mauvaise; elle ne devient telle que dans ses effets.

La nature, qui a fait l'homme susceptible de passion, l'a voulu douer de mouvement spontané et lui donner ainsi l'occasion d'exercer son libre arbitre. Conséquemment, plus cette spontanéité sera grande en lui, plus grande sera la manifestation de la vie, plus grande sera l'action de la liberté. La passion n'est donc point originairement une ennemie de la liberté comme on l'affirme, mais un essor des forces vitales nécessaire à l'exercice de cette liberté. En refoulant et détruisant la passion, admettons pour un instant que ce soit possible, on commettrait un véritable crime de lèse-nature, sans autre résultat que celui de hâter le cours du temps, déjà si rapide, et de faire tomber l'homme dans un état de caducité précoce, dont l'apathie, également incapable de bien et de mal, ne nous inspirerait, et ne mériterait en effet, qu'une dédaigneuse pitié. Aussi assistons-nous à une contradiction inconciliable entre la doctrine des moralistes qui réprouvent la passion, et le sentiment universel qui ne veut s'intéresser qu'aux âmes passionnées, qui les exalte dans leurs succès, les plaint dans leurs revers, les excuse jusque dans leurs écarts. Ce sentiment ne saurait être trompeur. La nature n'a pas pu mettre dans l'homme des penchants absolument condamnables, elle qui sait dégager des principes les plus délétères un élément de reproduction, et qui, sous une mort apparente, élabore mille vies. Si nous ajoutons foi aux assertions de ces écrivains pusillanimes qui n'ont su trouver d'autre remède à l'abus de la force que son anéantissement, il nous faudrait relever au plus vite la grille infranchissable des cloîtres, multiplier les chartreuses et les trappes, et sceller d'un triple sceau le livre où l'humanité inscrit le nom de ses grands hommes. Elle n'aurait plus rien à y retracer le jour où la passion serait bannie de la terre. Imaginez donc, s'il se peut, un ambitieux qui renonce à toute action sur ses semblables, un orgueilleux qui abdique toute volonté propre, de peur de lâcher la bride à sa passion : il parviendra peut-être à la longue, surtout s'il a soin de fuir au désert, à en détruire même le germe ; mais oserons-nous envisager ce qu'un tel être sera devenu? Il n'aura plus rien d'humain.

Car, pour être conséquent, il faudrait nonseulement attaquer la passion dans son centre, mais encore la circonvenir, interdire l'usage de la vue qui lui présente l'objet de ses ardeurs, de l'ouïe qui lui porte des sons enivrants, etc., détruire en un mot pièce à pièce et d'une main impie l'harmonie sacrée de la forme humaine [1].

[1] Voyez sur ce point, dans le *Traité de la Concupiscence* de Bossuet, le chapitre v.

Le genre humain, heureusement, a protesté et protestera toujours contre ces égarements des contempteurs de la nature, car c'est la vie qu'il aime et non la mort. L'amante d'Abélard, frémissante sous la bure, étonnant les voûtes du Paraclet de ses sublimes blasphèmes et refusant d'immoler au Dieu jaloux ses ardents souvenirs, Héloïse nous émeut d'une sympathie bien plus vive que si nous pouvions la supposer disciplinant en paix des passions éteintes, goûtant, placide et résignée, les joies de l'abstinence et les délices de l'oraison.

L'épée d'Alexandre, tachée du sang de Clitus, est assez lavée, à nos yeux, par quelques larmes; mais le glaive du bourreau, cette image de la répression des passions humaines par la justice sociale, qui pourrait le regarder sans dégoût?

La passion est formidable, confessons-le, parce qu'il est de l'essence de toute force d'empiéter, d'envahir, de briser les digues qu'on lui oppose ; elle cause dans ses débordements des maux incalculables ; mais est-ce la conséquence nécessaire des lois primordiales, ou plutôt ne serait-ce pas la suite des règles contingentes et arbitraires qu'ont instituées des hommes sujets à l'erreur ? N'eût-il pas été plus sage de chercher l'accord de toutes les forces entre elles que de les constituer à l'état de lutte fatale (*) ? L'homme ne s'est-il pas rendu coupable envers la majesté de son être en le déclarant pervers ? Ne porte-t-il pas atteinte à l'institution divine en condamnant et en flétrissant comme il le fait ses premiers et indestructibles instincts ?

Sachons donc étudier les lois de la nature au lieu de nous opiniâtrer à lui en dicter. Si nous parvenions à nous élever jusqu'à la claire vue et conséquemment à l'amour de cette belle harmonie qui préside à nos destinées, sans nul doute les passions perdraient le pouvoir de nous troubler; leurs déviations ne seraient plus à craindre. Notre ignorance seule fait le mal : nous usons en un combat stérile les années de la jeunesse; nous violentons notre être, et nous ne savons prévenir l'excès des passions que par l'excès d'une contrainte inutile ou funeste. Qu'il serait plus judicieux, plus efficace, d'agrandir en nous l'intelligence des lois universelles et de fortifier notre raison par l'exercice de nos facultés (*) ! Qui de nous n'a éprouvé combien le travail, même le moins sérieux, peut modérer la fougue des sens ? Que serait-ce d'une étude qui, en nous faisant pénétrer les mystères de notre organisation, nous y laisserait voir, aussi clairement que nous voyons le mécanisme intérieur d'une horloge, les perturbations effroyables qu'y causent les appétits déréglés (*) ? On objectera qu'on a vu des savants en proie aux plus laides passions ; aussi n'est-ce pas l'étude d'une science spéciale, et par conséquent pleine d'erreurs, que

4.

je viens prêcher ici, mais l'étude de la science de l'homme, qui nous initie à la connaissance générale des lois naturelles. Socrate et Goethe n'étaient point des savants proprement dits; mais l'un et l'autre, en étudiant de toute la puissance de leur intelligence les secrets divins, vécurent supérieurs aux passions. Il n'appartient pas au grand nombre de devenir Socrate ou Goethe; mais *tous* peuvent établir entre la force de leur intelligence et celle de leurs instincts un équilibre qui aura pour effet le jeu libre de la volonté.

IX

DE L'APATHIE

> « L'énergie dans les peines est meilleure que l'apathie dans les voluptés. »
>
> SÉNANCOUR.

L'apathie, cet antipode de la passion, est la véritable ennemie de la liberté humaine; ennemie d'autant plus dangereuse que nul ne se tient en garde contre elle. C'est une sorte de somnolence produite par une grande mollesse de complexion et par l'inertie des forces vitales, qui ressemble assez souvent à la bonté, à la douceur, à la sagesse. L'intelligence, mal servie par des organes indifférents, demeure passive; on peut la croire affranchie du joug des passions, parce qu'elle reste à un degré inférieur de l'être, à l'état de vie végétative. L'homme apathique n'agit et ne pense pas, ou n'agit et ne pense que d'après autrui; il reste serf de la nécessité : l'opinion, l'autorité, la coutume, disposent de son existence.

Une telle infirmité ne saurait être combattue avec succès que dans l'enfance, où l'on peut encore aviver les sens et donner aux organes quelque énergie. Une fois la mollesse et l'apathie maîtresses de la constitution, le mal est sans remède; c'est à peine si celui qui en est atteint conserve assez de force pour l'apercevoir et le déplorer. Aux yeux de beaucoup de gens, il est vrai, cette disposition est plutôt recommandable que nuisible dans un état social où tout est prévu : l'individu y est dispensé de réfléchir et de délibérer, puisque le bien et le mal sont définis, enseignés, récompensés ou punis par la religion et la législation établies. Pauvre raisonnement et peu viril, en vérité! Obéir à la législation établie, se soumettre à la religion dominante, lorsqu'on en a mesuré avec certitude l'iniquité ou l'erreur, c'est subir une oppression, quelquefois inévitable, jamais légitime; c'est faire acte de nécessité, non de liberté. S'il est possible de se soustraire à un joug tyrannique, on est répréhensible de ne le pas tenter. Quiconque renonce volontairement à la liberté, après l'avoir connue, se rend coupable de suicide moral; il anéantit en lui le principe essentiel de la vie humaine; il renie son âme immortelle et va se mêler, se confondre avec la brute.

Avant de passer outre, résumons ce que nous avons dit des devoirs de l'homme envers lui-même.

Ces devoirs, fondés sur l'instinct de conservation ou d'égoïsme, peuvent se réduire à un seul : chercher son bien, c'est-à-dire se conformer aux lois de sa nature ; en d'autres termes, parvenir à toute la plénitude de la liberté, qui est le principe constitutif de l'espèce humaine.

L'homme conquiert cette liberté souveraine par la connaissance de soi, qui est le complément et le lien de toutes les autres. L'ignorance le rendait esclave du monde physique, de l'autorité arbitraire des autres hommes, de ses propres passions, le soumettait à la contingence des choses, à ce que l'on appelle hasard ; il se rend libre en contemplant l'harmonie universelle de la nature et en reconnaissant la place qui lui est assignée dans cette harmonie. Il *choisit* entre le bien et le mal, entre ce qui concourt à sa fin providentielle et ce qui l'entrave. Plus il est libre, plus il conçoit la justice et la beauté éternelles, plus certainement il choisira le bien. Connaître, aimer, vouloir, ne sont pour notre faiblesse trois notions distinctes, que parce qu'il se produit dans notre cerveau un effet analogue à la réfraction de la lumière dans le prisme. S'il pouvait exister dans l'univers un seul être raisonnable choisissant librement le mal, l'éternité des peines de l'enfer serait justifiée (²).

LIVRE III

X

RELATIONS DE SUPÉRIORITÉ

> « Personne ne peut être contraint par la force à suivre les voies de la béatitude. Des conseils fraternels et pieux, une bonne éducation, et, avant tout, la libre possession de ses jugements, voilà les seuls moyens d'y conduire. »
>
> SPINOZA.

Faites silence : ici tout est sacré. En proie à un mal inconnu, la jeune épouse gît éplorée sur un lit de douleur. Une sueur froide mouille son front ; ses longs cheveux tombent en désordre sur sa poitrine oppressée ; de rapides rougeurs et des pâleurs mortelles passent et repassent sur sa joue; son inquiet regard interroge le visage muet des matrones; ses doigts crispés cherchent avec égarement la main de son époux et la main de sa mère. Dans les courts répits de la crise qui se presse et redouble, elle demande d'un accent suppliant si la délivrance ne viendra donc point. On l'exhorte au courage, mais l'étreinte du mal est implacable et la brise. Bientôt ses lèvres contractées ne laissent plus passage qu'à de sourds gémissements; ses yeux se ferment, sa voix expire, les palpitations de son cœur s'arrêtent: tout son être demeure suspendu entre les affres de la mort et l'énergique convulsion d'une double vie en lutte dans ses entrailles. Enfin ses flancs brûlés se déchirent, son sang coule à grands flots. Porté par ce flot douloureux, un enfant vient à la lumière, qu'il salue d'un cri plaintif. O mystère de la maternité! comment vous faire comprendre? A ce cri tout est apaisé, tout est oublié. Des larmes brillantes inondent les yeux, tout à l'heure voilés de ténèbres, de la jeune mère. Soudain ranimée, elle se soulève sur sa couche comme portée par d'invisibles mains et regarde, curieuse, autour d'elle. En ce moment l'homme de science tranche avec le fer le lien qui unit encore à elle le fruit de son amour, en lui disant : Madame, un fils vous est né. L'orgueilleuse félicité des dieux descend dans le cœur maternel; d'ineffables ravissements le remplissent d'une religieuse ivresse.

Oui, cette heure est auguste et sacrée entre toutes; car un fils est né à la femme, un homme est né à la société, une créature libre est entrée dans la vie immortelle.

Mais cette créature, virtuellement douée de liberté, est dans la dépendance d'un organisme qui va se développer lentement, par degrés insensibles, durant une période qu'on ne peut évaluer, pour le plus grand nombre, à moins de quinze ou vingt années. Pendant la première enfance, être encore tout passif, l'homme reste assujetti à d'incessants besoins physiques qu'il ne peut satisfaire lui-même. Dans l'adolescence, ses besoins intellectuels, aussi instinctifs, aussi peu réfléchis que ses besoins physiques, appellent à leur tour une satisfaction, et reçoivent sans initiative ni discernement ce qui leur est offert. Dans la première jeunesse enfin, la force active des passions, non encore contre-pesée par la raison, s'attaque aveuglément à toutes choses. Tout à l'heure esclave de sa propre faiblesse, l'enfant, devenu jeune homme, est esclave de sa propre force qui l'entraîne en mille essors contraires et divergents; il a passé de la vie végétative à la vie animale; il lui reste un grand pas à faire pour prendre possession de la vie humaine.

Or ce travail de formation progressive, cette ascension continue de l'être humain, qui s'élève des régions inférieures de l'instinct et de l'asservissement vers les régions supérieures de la raison et de la liberté, se nomme dans le langage habituel *éducation*. Prise dans le sens le plus absolu, l'éducation commence dès le sein de la mère par les influences qu'y subit le fœtus; elle ne s'arrête jamais et ne finit qu'avec la vie. Mais, dans le sens relatif que nous lui assignons, elle est l'œuvre initiatrice exercée d'ordinaire par le père ou la mère d'un enfant jusqu'au jour où celui-ci, parvenu à la virilité et à l'indépendance légale, devient à son tour membre actif et libre du corps social. Les difficultés de cette tâche sont sérieuses. Je crois toutefois qu'on les a fort exagérées en ne les comprenant pas bien. Le rôle d'instituteur est considéré dans nos mœurs comme impliquant la notion d'autorité souveraine. Il est rare qu'un père surtout ne se croie pas, de droit divin, le maître absolu de ses enfants, particulièrement pendant le bas âge, et je sais choquer toutes les idées reçues en émettant cette vérité fondamentale : que les parents, non plus que les instituteurs, n'ont, philosophiquement parlant, aucuns *droits* sur les enfants. On est assez frappé de cette vérité lorsqu'il s'agit de la vie physique, et nous regardons aujourd'hui comme une coutume barbare le droit de condamnation capitale laissé aux pères par les lois romaines. Mais la vie morale est-elle donc moins sacrée que la vie physique, et l'opinion qui défère aux parents un pouvoir absolu sur l'éducation de leurs enfants ne consacre-t-elle pas un privilége aussi impie que la coutume romaine, celui d'étouffer en germe dans une âme immortelle le sentiment de sa dignité et de sa liberté propre? Les parents et les instituteurs devraient se considérer non comme des maîtres, mais comme des initiateurs; non comme des législateurs infaillibles, mais comme les interprètes momentanés d'une loi immuable. Reconnaissant et respectant les divines immunités de l'enfance, ils ne devraient jamais procéder par autorité ni par contrainte, mais toujours par révélation et persuasion : c'est le vice radical de nos méthodes que cette notion d'autorité absolue; dans la pratique elle produit les plus tristes résultats. Oubliant le principe même de la vie universelle, qui unit toujours à la perfection de l'organisme le caractère de liberté ou d'individualité, nos coutumes n'ont qu'un seul but, nos disciplines qu'un seul mode. Nous ployons sous un même joug et nous astreignons à un régime uniforme, pour les façonner à un type de perfection artificiel, les caractères les plus dissemblables. A peine quelques vigoureux génies parviennent-ils à se frayer une libre voie à travers les haies épineuses qui gardent nos préjugés et nos systèmes. Et c'est merveille en vérité que la race humaine ne rétrograde pas vers les régions inférieures de l'être, tant nous prenons à tâche de la rabaisser en la dépouillant de son attribut le plus divin.

En étendant notre horizon, nous trouverons

les mêmes notions de devoir applicables au souverain dans ses rapports avec ses sujets.

L'État, soit qu'il repose sur le principe monarchique absolu ou tempéré, soit qu'il revête la forme aristocratique ou démocratique, soit enfin qu'il se nomme empereur, archontes, président ou doge, doit être considéré comme la *raison* d'un peuple et ne doit, pour rester dans son droit légitime, exercer d'autre action sur les masses que celle d'une raison haute et ferme sur les passions animales. Le droit divin, comme on l'a entendu, ne supporte pas l'examen philosophique.

Disons, pour nous résumer, que les relations de supériorité des parents avec leurs enfants, des maîtres avec leurs disciples, des souverains avec leurs sujets, ne constituent aucuns droits, mais imposent le devoir auguste et sacré de révélation, d'affranchissement, en d'autres termes, d'éducation morale.

XI

RELATIONS D'ÉGALITÉ

> « Pour réformer entièrement le monde, pour rendre les hommes heureux dès cette vie même, il ne faudrait, au défaut de la charité, que leur donner à tous un amour-propre éclairé qui sût discerner ses vrais intérêts et y tendre par les voies que la droite raison lui découvrirait. »
> NICOLE.

Rien n'a été exagéré davantage, et par conséquent plus faussé, que la notion du devoir de l'homme envers son semblable. Les moralistes ont pensé qu'il fallait demander beaucoup pour obtenir peu ; c'est une erreur funeste. Si vous exigez au delà du possible, on examinera votre droit à exiger ; de l'examen on passera à la protestation, de la protestation à la révolte. Ainsi ont procédé dans l'histoire toutes les révolutions religieuses ou civiles. Les premiers législateurs du monde sont tous tombés dans cet excès ; tous semblent avoir désespéré de la raison humaine : ne faisant appel qu'au sentiment et à l'imagination, ils ont cru nécessaire d'exalter l'un et l'autre par la promesse de félicités sans terme dans le ciel, prix de sacrifices sans mesure sur la terre. Jésus lui-même, dans ses entretiens avec les disciples, enveloppe de paraboles et de mystérieuses formules des vérités auxquelles le simple bon sens devait acquiescer sans peine. Souvent il s'interrompt pour dire à ceux qui le suivent : « Vous ne sauriez encore me comprendre ; vous ne sauriez encore porter ma doctrine. » Mais la raison humaine n'a-t-elle fait aucun progrès ? Le temps a-t-il marché sans rien produire? La justice vraie aurait-elle encore besoin aujourd'hui de tout ce cortége de mystères, de menaces, de promesses et de miracles pour se faire aimer des hommes? Est-ce présomption de supposer l'esprit humain, dix-huit cents ans après la grande initiation chrétienne, assez éclairé, assez averti par de douloureuses expériences, pour préférer à des préceptes revêtus d'un caractère surnaturel et d'ultra-sainteté, si l'on peut parler ainsi, une morale purement humaine, toujours praticable, accessible au sens commun et reposant sur une notion de justice[1] dont nul homme, à moins d'un complet idiotisme, n'est totalement dépourvu?

Le principe du renoncement et du sacrifice, cette merveilleuse soif de douleur, qui au sein du christianisme immola tant de pieuses victimes, eut sans doute sa nécessité historique

---

[1] Dans les Écritures, l'homme vertueux est toujours appelé *le Juste*.

dans la marche du genre humain. On conçoit aisément qu'une vie collective, fondée sur des notions imparfaites, sources de mille préjugés, ait rendu d'immenses sacrifices individuels nécessaires au bien général ; mais il est déjà possible d'entrevoir des temps où la légalité sociale, se mettant d'accord avec l'équité naturelle, la justice, comprise et voulue par tous, rendra les vertus de renoncement à peu près superflues. Et d'ailleurs, je ne crains pas de le dire, dût-on m'accuser de prêcher une morale facile, molle, intéressée, je crois la justice, cette sagesse qui établit l'équilibre entre ce qu'on se doit à soi-même et ce qu'on doit à autrui, supérieure, dans l'ensemble de ses résultats, à la vertu de dévouement, pratiquée d'une manière absolue, sans discernement ni mesure. La vertu est susceptible d'excès ; il n'en est point à craindre pour la sagesse. L'éphémère héroïsme d'une imagination fanatisée est moins dans l'ordre et produit moins de bien que l'exercice soutenu d'une bonté réfléchie. Une morale forcément exceptionnelle, à l'usage du petit nombre des élus, est par cela seul, et malgré l'apparence d'une sublimité plus haute, inférieure à celle qui assume le caractère d'universalité et que tous peuvent et doivent pratiquer sans porter atteinte à la loi de nature. La résignation, le renoncement, qu'est-ce autre chose d'ailleurs que le sacrifice aveugle et funeste à la société des meilleurs aux pires, l'immolation des grandes âmes aux cupidités égoïstes? Quoi de mieux calculé pour perpétuer à jamais le règne des pervers? L'Église chrétienne elle-même, si insistante au sacrifice, ordonne de préférer son propre salut au salut d'autrui. Et pour nous qui entendons par salut la liberté de l'âme humaine, n'est-il pas évident que jamais l'œuvre de ce salut ne devra être sacrifiée à un intérêt inférieur, à rien de ce qui est hors de nous? Si la nature a voulu que l'instinct de conservation s'éveillât avant l'instinct d'attrait, ç'a été pour nous avertir que nos devoirs envers nous-mêmes avaient la priorité sur nos devoirs envers nos semblables. Mais, de grâce, que l'on m'entende bien! A qui n'aurait pas lu avec attention ce que j'ai dit précédemment sur l'essence de la liberté, il serait facile de se méprendre ; c'est pourquoi je trouve utile de répéter ici que la liberté, dans le sens philosophique attribué au mot, est synonyme de vie morale, vie qui est véritablement le *salut* de l'homme. Les relations d'égalité ou de fraternité impliquent donc à mes yeux les devoirs de l'homme envers lui-même, transportés à autrui, dans la juste proportion et sous la réserve établie par le christianisme eu égard au salut ; l'héroïsme tant admiré, précisément parce qu'il ne saurait ni s'enseigner ni se prescrire, est une vigueur exceptionnelle de l'âme, une magnificence de nature réservée au bien petit nombre. Ne visons pas si haut, de peur de retomber trop bas, et tenons-nous fermement à la justice. Tel sage qui donne aux hommes le spectacle ennoblissant d'une vie sereine aura plus fait pour eux que tel zélateur inquiet, troublé de mille soucis, empressé au salut des autres au point qu'il ne prend pas le temps de rentrer en lui-même et de pacifier son âme en réglant le désordre de ses penchants. Ordonnons notre existence selon la raison ; éclairons-la des lumières supérieures de l'esprit; faisons régner dans l'orbite de notre vie la loi de gravitation morale, puis tendons la main à nos frères pour les aider dans une tâche pareille. Si chacun observait ce précepte et s'appliquait de toutes ses facultés à l'humble accomplissement d'une œuvre bien simple en apparence, on verrait de proche en proche, sans aucune de ces secousses violentes si redoutées des hommes de pouvoir, la justice s'établir dans les mœurs; les mœurs finiraient par l'imposer aux lois; l'exemple d'un peuple libre, fort et heureux, serait donné au monde.

XII

RELATIONS D'INFÉRIORITÉ

> « Ce que les disciples doivent à leurs maîtres, c'est seulement une sorte de foi provisoire, une simple suspension de jugement; mais ils ne lui doivent jamais un entier renoncement à leur liberté, ni une perpétuelle servitude d'esprit. »
> BACON.

« Faites-vous semblables à l'un de ceux-là, » disait à ses disciples, en leur montrant les petits enfants pressés autour de lui, le doux révélateur qui mourut sur la croix. Une soumission reconnaissante, un amour intellectuel qui s'attache moins à l'individu qu'à la lumière de sa parole, une déférence qui n'a rien de servile parce qu'elle s'accorde à la dignité de l'âme et non aux dignités conventionnelles de la société, tel est à peu près le seul devoir des inférieurs envers les supérieurs dans le règne de la liberté. Et encore suppose-t-il au moins une vague conscience du bien et du mal. Sans cette conscience nul devoir. Le devoir naît de la connaissance et s'y proportionne : plus elle est étendue, plus il s'accroît. Pour les enfants, pour les hommes sans culture, pour les pauvres d'esprit en un mot, il est simple, facile, tout intérieur. On pourrait le réduire à la bonne volonté de connaître la justice, au respect de ceux qui l'enseignent et la pratiquent.

« Et ils le suivaient, » dit l'Évangile. Que pouvait faire de plus, en effet, la foule ignorante et grossière, que de pressentir la vérité dans la bouche de Jésus et de s'attacher, attentive et pieuse, à ses pas pour la recueillir?

XIII

RAPPORTS DE L'HOMME AVEC LA NATURE INFÉRIEURE

> « L'existence physique et morale de l'univers, quelle qu'en soit la cause première, tend vers une direction constante et déterminée, malgré l'influence des causes passagères qui la dérangent; et l'homme, en se conformant à cette direction suprême et innée, au lieu de s'unir aux causes perturbatrices, au nombre desquelles il ne se range que trop souvent, surtout dans l'ordre moral, peut devenir, dans ses propres mains, un moyen énergique de développement et de perfectionnement général. »
>
> — Cabanis.

Quelque effort que puisse faire l'homme pour s'isoler et abstraire sa personnalité de l'ensemble des êtres, il est incessamment rappelé au sentiment des lois qui l'y rattachent et ramené, par la force muette des choses, dans le cercle éternellement mouvant de causes et d'effets dont son apparition éphémère sur le globe terrestre n'occupe qu'un point insaisissable. Ni la science ni la philosophie ne livrent encore jusqu'ici que des conjectures à notre impatience, quand elles tentent d'expliquer la métamorphose universelle et le lien mystérieux qui joint le monde moral au monde physique ; mais pourtant tout fait pressentir l'unité aux esprits supérieurs ([aa]). Les recherches individuelles et les observations analytiques sur les lois de modalité qui régissent la substance tendent à se grouper, et convergent vers une haute synthèse, qui sera, selon toute apparence, et comme je le disais plus haut, la religion de l'avenir.

Les destinées du genre humain sont inséparablement liées aux évolutions de la planète qu'il habite; les sociétés se fondent et se développent en majeure partie suivant les nécessités de climat et la configuration du sol ([ab]). La vie de l'homme est assujettie aux influences élémentaires de tout ce qui l'environne. Formé d'un peu d'argile, nourri du suc des végétaux et des substances animales, modifiant perpétuellement par l'action de sa vie propre l'atmosphère qu'il respire et par laquelle il est modifié à son tour, foulant une terre qui s'assimile les ossements de sa race, tour à tour jouet ou régulateur des énergies naturelles, affecté par elles jusque dans ses facultés animiques, demandant aux astres qu'il mesure le secret de sa destinée ou la direction de ses voies sur la mer sans rivages, tout dit à l'homme attentif, tout lui répète à chaque heure, à chaque minute, qu'un nœud indissoluble rattache l'une à l'autre les existences phénoménales engendrées par le Noumène éternel, et qu'une puissance souveraine les emporte, dans un rhythme sacré, à travers l'espace et la durée, au sein du Dieu unique et infini.

Quand l'intelligence a seulement entrevu ce vaste système de rapports et cette suite ininterrompue de métamorphoses, qui demeure malheureusement pour le plus grand nombre une lettre morte[1]; quand elle a surpris, même confusément, de lointains accords du vivant concert, il est impossible qu'elle ne s'éprenne point du désir d'y participer par un acte de volonté libre, en coopérant de tout son pouvoir à l'accomplissement des lois de beauté, de perpétuité, d'harmonie (*ac*). Ce désir intellectuel est-il l'indice solliciteur d'un devoir à remplir? Trouverons-nous, en l'étudiant scrupuleusement, qu'il nous puisse guider avec certitude, dans des rapports sans réciprocité, à travers ces régions descendantes de la vie qui

---

[1] Il y a des gens qui disent : la nature *inanimée!*

nous demeurent presque aussi inabordables, quoique visibles, que les régions idéales où notre imagination se plaît à rêver des êtres supérieurs? Dans l'état présent de nos connaissances, loin de pouvoir résoudre cette question, j'aurais plutôt à me justifier d'avoir osé la poser, tant est petit le nombre des hommes dont les yeux se sont ouverts à la grande loi des analogies et qui comprennent, ou du moins pressentent, la solidarité des existences terrestres.

Essayons, du moins pour ceux-là, de soulever le problème.

L'homme, supérieur à tous les autres êtres du globe par la plénitude de liberté à laquelle la substance est parvenue en lui, conçoit aisément ses devoirs envers son semblable : il les précise et les définit sans peine, parce que la connaissance qu'il peut acquérir de sa nature individuelle le conduit à la connaissance de l'espèce, et que le sentiment de son propre bien lui révèle clairement ce que peut être le bien d'êtres congénères. Il n'en est plus de même lorsqu'il s'agit de ses rapports avec des êtres dans l'essence desquels il ne saurait pénétrer. Là où la liberté se manifeste encore à un degré apparent, chez les animaux par exemple, il se sent des affinités assez vives d'organisation, de famille pour ainsi parler, d'où il pourrait inférer des devoirs ; mais, descend-il à travers les trois règnes vers les êtres inorganisés, les analogies s'éloignent et s'effacent, et lorsqu'il arrive au dernier degré de l'échelle, toute parité disparaît, toute communication semble suspendue ; le secret de ces mornes existences lui échappe ; il touche à des arcanes insondables.

Ajoutons que, le devoir proprement dit ne commençant qu'avec la liberté, il n'en est aucun pour des êtres privés de toute activité libre et qui atteignent leur fin sans nul concours de la volonté : d'où il résulte que le devoir de les aider à l'accomplissement de cette fin n'existe pas non plus pour l'homme. Et cependant, à mesure que la comparaison, ce procédé si simple et si fécond de l'intelligence, lui découvre qu'il est régi par des lois physiologiques analogues à celles qui gouvernent la plante et l'animal, ne le voyons-nous pas ému de je ne sais quel vague et mélancolique amour pour la création inférieure, enclin à je ne sais quelle compatissante sympathie pour les êtres qui, moins doués que lui, n'ont reçu qu'une part infime de la vie universelle dont il se sent l'émanation suprême? Dans toutes les langues l'homme applique à la nature physique des termes qualificatifs de la nature morale; il dit : la vigne a *souffert* de la gelée ; ce fleuve *menace* de déborder; le tonnerre *gronde;* le vent *gémit;* ce paysage est *mélancolique.* L'histoire si touchante des premiers solitaires chrétiens nous les montre au désert en société intime avec les animaux ; des corbeaux leur apportent leur nourriture ; des lions viennent creuser leur fosse ; ils châtient les taureaux furieux, qui se couchent dociles à leurs pieds, etc. « Et soudain, » dit saint Jérôme, dans sa *Vie de saint Paul ermite*, « rendant des louanges infinies à Jésus-Christ de ce que même des animaux irraisonnables *avaient quelque sentiment de la Divinité*, il dit : Seigneur, sans la volonté duquel il ne tombe pas une seule feuille des arbres, ni le moindre oiseau ne perd la vie, *donnez à ces lions ce que vous savez leur être nécessaire.* » Et d'ailleurs la seule considération de son propre bien, de son bien individuel et collectif, ne conduira-t-elle pas l'homme à vouloir exercer sur le globe, qu'il a su soumettre déjà en majeure partie, une action bienfaisante, une œuvre d'affranchissement et de vie ([ad]) ?

Rapprocher de lui les êtres moins avancés,

améliorer, ennoblir les races animales, développer en elles, par une éducation affectueuse et par des soins bien entendus, toute l'intelligence, toute la vigueur et toute la grâce dont elles sont susceptibles; protéger les plantes dans leur croissance et dans le travail d'assimilation qui leur donne l'éclat, le parfum, la saveur; contenir et diriger le cours des eaux, assainir les campagnes, épurer l'atmosphère, dispenser pour ainsi dire aux vergers, aux jardins, la lumière et l'ombre, la chaleur et le froid; conjurer par les inventions de l'industrie les fléaux dévastateurs ou réparer les désastres qu'ils causent; dégager, élaborer, subtiliser enfin la matière inorganisée et lui donner la forme, n'est-ce pas multiplier à l'infini les joies de l'existence? n'est-ce pas étendre et embellir les horizons de la vie humaine?

Et si l'on vient dire qu'en donnant à l'instinct de sympathie une extension si large, nous serons conduits à dénier à l'homme le droit de mort sur les animaux, le droit d'extirper certaines végétations nuisibles à lui seul, je répondrai que, ne perdant pas de vue un seul instant l'attribut qui fait l'excellence de la nature humaine, ayant déjà posé en principe le droit et le devoir pour l'individu de ne jamais sacrifier son propre salut, c'est-à-dire sa liberté, à la liberté d'autrui, on en doit inférer à plus forte raison le droit et le devoir pour le genre humain de ne pas arrêter son progrès, de ne pas entraver l'essor de ses facultés morales et physiques par un respect exagéré de la nature inférieure (*ae*).

S'il est reconnu que la chair des animaux est une nourriture favorable à la constitution de l'homme; si les intérêts de la science, de l'industrie, ou seulement de son bien-être, demandent la destruction de certains individus, ou même de certaines espèces, des règnes subordonnés, il doit sans hésiter accomplir ces sacrifices. Demandons-lui seulement de se souvenir que ce sont des sacrifices et qu'ils doivent être offerts à ce qu'il y a de divin dans l'homme, et non pas à des goûts pervers, à de brutales fantaisies, à des caprices aveugles, puérils et barbares ([af]).

Mais arrêtons-nous là. J'en ai trop dit sur un sujet aussi rempli d'obscurité. Quelques organisations *magnétiques* sentiront et devineront ce que je ne puis qu'indiquer vaguement. Pour les autres le temps n'est point venu, il ne viendra peut-être pas, de préciser davantage.

J'ajouterai seulement pour résumer ma pensée qu'aux Indes, où règne le panthéisme, la religion qui confond Dieu et l'univers dans une même adoration a eu pour effet une communication très-étroite de l'homme avec la nature extérieure. La science moderne semble appelée à révéler à la raison les mêmes lois que les religions primitives ont révélées à l'instinct.

LIVRE IV

XIV

DE LA FAMILLE

Dans une civilisation qui connaîtrait et respecterait les lois de la destinée humaine, la famille naturelle serait à peine distincte de la famille sociale.

Par une pénétration réciproque, elles concourraient ensemble à un même dessein; la vie domestique ne serait jamais en opposition avec la vie publique, la maison contre l'État.

Mais il n'en va pas ainsi chez nous : les intérêts de la vie domestique s'accordent rarement avec l'intérêt de la vie publique. L'esprit qui les anime est opposé. Ni dans l'une ni dans l'autre, la liberté véritable n'est encore ni pratiquée, ni même connue : ce sont deux égoïsmes, deux tyrannies aux prises, et qui se disputent la vie entière de l'homme.

Dans la famille, qui va nous occuper d'abord, la tyrannie s'exerce naturellement sur les deux êtres faibles : la femme et l'enfant.

Ni la femme ni l'enfant ne faisant partie de l'État et n'étant protégés par la loi que d'une manière insuffisante et presque dérisoire, l'homme sans contrôle dans la famille, le mari, le père, exerce un pouvoir excessif contraire à la justice, contraire à lui-même, car, nous l'avons dit, il n'est pas de despotisme qui ne tourne en fin de compte contre le despote.

La vie domestique, telle qu'on l'entend pour les femmes et pour les enfants, isolée, séparée, de la vie publique, devient, par l'étroitesse de ses horizons et par l'absence de toute activité sympathique, une prison véritable, dont le geôlier qui en ferme les verrous n'est pas moins triste que les captifs sur qui les verrous se ferment.

XV

DE LA FEMME

« Une mère de famille doit avoir un esprit
mûr, ferme, appliqué et expérimenté pour
le gouvernement. »

FÉNELON.

De tous temps les rapports des sexes ont préoccupé les législateurs. Tous ont senti l'importance de ces rapports, dont la liberté plus ou moins étendue a notablement influé, non-seulement sur les mœurs, mais encore sur les formes politiques des sociétés. Ajoutons que tous ont paru poser en fait l'infériorité, si ce n'est même la perversité de nature du sexe le plus faible; d'où ils ont déduit en droit une incapacité religieuse, civile et politique, plus ou moins accusée selon les temps et les lieux, mais constituant pour la femme, même aux époques les plus favorables, chez les nations les plus civilisées, un état de tutelle assez voisin de l'état de servage. Les lois de l'Europe sont unanimes à conférer l'autorité au mari et à lui subordonner la femme; les jurisconsultes anciens et modernes tombent d'accord sur ce point; les coutumes ne varient que dans le degré de dureté ou d'ignominie (*) sous lequel elles courbent la moitié du genre humain. Chez un grand nombre de peuples anciens (les Arabes, les Égyptiens, les Hébreux, etc., etc.), on se croyait souillé par le commerce, même légitime, des femmes, et l'on s'en abstenait la veille des sacrifices. Les rabbins ne croyaient point la femme faite à l'image de Dieu. Mahomet décide la supériorité des hommes, leur accorde une part double d'héritage, et veut que la femm obéisse. Les constitutions apostoliques parlent le même langage. Chez les Romains, le mari peut tuer sa femme qu'il trouve ivre. La loi des Bourguignons veut qu'on *étouffe dans la fange* celle qui aurait renvoyé son légitime époux. L'Écriture sainte lui enjoint d'être soumise à l'homme comme à son maître, et jusque dans l'Évangile, ce livre de mansuétude et de bienveillance divine, nous rencontrons une parole très-dure, adressée par Jésus à sa mère : « Femme, qu'y a-t-il de commun entre vous et moi? » Ce consentement universel semble imposant, mais je ne le crois pas fondé en raison. Je n'invoquerai point ici des exceptions, même nombreuses; on sait que la nature ne trace nulle part de limites arrêtées : il naît des hommes efféminés et des femmes viriles, comme on voit des êtres qui participent à la fois de la vie végétale et de la vie animale. Ceci ne prouve rien. Il s'agit seulement de constater le caractère général du sexe.

En formant la femme pour une destination autre que celle de l'homme, la nature l'y prédispose par une structure plus délicate, par une complexion plus souple, par un tempérament qui conserve toujours quelque chose du tempérament des enfants, et qui l'incline plus généralement à la vie affective et de relation qu'à l'exercice abstrait et spéculatif de la pensée.

Mais devons-nous induire de ces différences physiologiques que la femme est par sa nature incapable de liberté morale? Est-ce un vain mythe qui nous la montre, à l'origine du genre humain, curieuse, c'est-à-dire libre ([ah]), étendant la première une main hardie vers le fruit de la connaissance? L'antiquité grecque obéissait-elle au caprice d'une imagination fantasque en donnant à la sagesse la forme et la beauté d'une femme? Existerait-il entre l'énergie de ses penchants et la puissance de ses concepts une disproportion telle qu'elle se vît condamnée à agir sans discernement, comme l'enfant et la brute; et qu'elle ne pût aspirer à la dignité d'une volonté libre?

L'histoire, qui a conservé tant de traits héroïques de la grandeur morale du sexe faible, est là pour répondre. Que la théologie chrétienne ait déduit l'infériorité de la femme de ce qu'elle avait été créée après l'homme et d'un peu de sa chair, de ce qu'elle avait prévariqué avant lui à la loi divine, de ce qu'enfin Jésus-Christ avait donné les clefs du ciel à saint Pierre et non à Marie, sa propre mère, ce sont des arguments que l'Église n'oserait reproduire aujourd'hui. Que la législation des sociétés fondées sur la conquête et maintenues par la force du glaive ait proclamé la suprématie de l'homme sur la femme, incapable d'accomplir le service militaire et par conséquent de posséder un fief, cela se comprend de soi. Mais, à mesure que la civilisation se perfectionne, que les mœurs s'adoucissent et que la puissance morale substitue sa stabilité aux convulsions de la force brute, l'inégalité tend à décroître, et l'homme sent davantage combien le soin de son propre bonheur, ici comme partout, est d'accord avec les exigences de la justice, combien la grandeur de la femme est inséparable de sa propre grandeur.

Les lois qui retiennent le sexe féminin dans l'asservissement ou l'infériorité sont des lois inintelligentes, restes de la barbarie (*a*). La femme, qui, par suite de ces lois, est demeurée astreinte à un régime mental inférieur, n'a pu être épouse et mère qu'imparfaitement. Des maux incalculables sont nés de cette erreur fondamentale. L'hypocrisie et la déloyauté dans la société, l'aridité de la vie, la désolation du mariage et jusqu'à l'appauvrissement des races, en sont les conséquences funestes.

Dans l'état de choses encore subsistant, malgré tous les progrès accomplis, rien n'est encore réglé; tout demeure arbitraire, inconséquent; tout est hasard. La destinée des femmes varie autant que peut varier le caprice d'un individu, contenu, il est vrai, par la douceur des mœurs, mais en dernier ressort maître absolu; et le plus souvent l'homme, qui ne devrait avoir que des rapports d'égalité avec sa compagne, demeure dans des rapports de supériorité qui faussent les indications de la nature (*aj*). La loi et les coutumes ne lui donnent, suivant le rang qu'il occupe dans la hiérarchie sociale, qu'une servante utile ou une esclave gracieuse; il en résulte que ses devoirs envers elle participent plus de la paternité que de la fraternité ou conjugalité. La femme, dix-huit siècles après la venue du Christ, montre encore tous les vices de l'esclave et tous les défauts de l'enfant : l'esprit de vengeance et de mensonge, dans les classes inférieures; dans les rangs élevés de la société, une mobilité impérieuse, des goûts frivoles, des caprices cruels;

partout la perfidie. Rien de plus contraire à la
noble paix de l'union conjugale et à la sécurité
de la paternité, qui reposent entièrement sur la
loyauté de l'épouse. Mais le mal aujourd'hui est
si enraciné, qu'il faudra la volonté constante de
plusieurs générations, peut-être, pour que la
femme soit rendue à sa destination naturelle dans
l'association humaine, et rien n'annonce encore
parmi nous que cette volonté soit sérieuse. Quelques protestations isolées que très-peu de nous
ont voulu entendre, quelques dithyrambes admirés et oubliés aussitôt, d'illustres exemples
qu'on affecte de trouver dangereux, ont servi de
texte aux conversations des oisifs; mais les
hommes de pensée et d'action, les philosophes
et les politiques, ceux qui mènent l'opinion et
qui changent les lois, n'ont point daigné méditer
une question à laquelle semble s'être attaché,
en France surtout, je ne sais quel ridicule qui
suffit à effaroucher les plus braves et semble

devoir juger en dernier ressort ce grave problème auquel est attaché tout l'avenir de la société (*ak*).

Rien n'est plus négligé ou plus inconsidérément dirigé que l'éducation des femmes. Que veut-on ? Je doute qu'on le sache bien. Que doit-on vouloir selon la raison ? Que doit-on faire selon le préjugé ? Dans l'impossibilité d'accorder ces deux puissances irréconciliables, on laisse tout au hasard : on ne donne point d'armes aux caractères forts que la lutte ennoblirait ; on livre les faibles sans défense à toutes les vicissitudes de la destinée. Seulement on est tombé d'accord pour exiger de toutes les femmes, systématiquement, aveuglément, sans égard aux radicales dissemblances de nature, deux vertus négatives, la chasteté et la résignation, moyennant quoi on les tient quitte du reste. Mais, comme nulle vertu ne se peut soutenir seule, sans l'assistance des autres et surtout sans l'acquiescement de la raison, il advient que chez la plupart la résignation tourne en hypocrisie, la chasteté en hauteur acariâtre, et qu'en pensant assurer la tranquillité des familles on y a jeté un ferment de désunion, de trouble et de malheur.

« Leurs passions sont vives et leurs connaissances bornées, » dit Fénelon dans son excellent *Traité de l'éducation des filles*. La justesse naturelle de cette noble intelligence lui faisait ainsi toucher avec précision la cause du mal; et, s'il ne fit qu'en indiquer timidement le remède, c'est qu'il obéissait, sans le savoir, à l'esprit du sacerdoce, qui, toujours rivé au dogme du fruit défendu cueilli par la première femme ([a]), ne cède que pas à pas, regret à regret, à l'intrusion, pernicieuse selon lui, de la connaissance et de la liberté dans les sociétés humaines, et surtout dans la moitié la mieux asservie de ces sociétés.

Mais les lois et les mœurs, qui n'accordent point aux femmes leur part raisonnable dans la vie sociale, n'ont pu parvenir à détruire l'instinct naturel qui leur dit qu'elles aussi sont des créatures libres. En leur refusant les moyens légitimes d'indépendance, en leur fermant les voies sérieuses de l'affranchissement par la pensée, on les a jetées dans les sentiers détournés de la coquetterie. Dans toute société civilisée, la coquetterie est devenue pour les femmes une science aussi profonde que la science de la politique. Dans l'inaction où on les a laissées, elles ont appris sans peine à tirer parti des désirs du sexe masculin pour le rendre, au moins momentanément, esclave, et toute leur finesse, toute leur intelligence, toutes leurs facultés d'observation et de calcul se sont appliquées à ce but unique : inspirer l'amour sans le partager, exciter la passion sans la satisfaire. De là, comme je viens de le dire, un art compliqué, inépuisable en ressources, qui tient tout ensemble de la stratégie et de la politique, et où se dépensent cent fois plus d'habileté, de persévérance, d'audace, d'artifice, de souplesse, de délibération et de savoir, qu'il n'en faudrait pour administrer un royaume, discipliner un camp ou gouverner une assemblée.

Les hommes se plaignent amèrement de cette coquetterie, dont leur jeunesse, à tout le moins, est le jouet et la victime. Mais eux seuls ont fait le mal. Ils voudraient la loyauté, et ils ont raison de la vouloir, car la loyauté est l'axe des vertus domestiques; mais la loyauté suppose la force et la raison, et ils ont retenu la femme dans une faiblesse puérile. La coquetterie est la vengeance de la faiblesse. Donnez à la femme un moyen supérieur de satisfaire son juste besoin d'égalité morale, elle le prendra. Ne lui faites pas user sa jeunesse en demi-talents, qui sont comme autant d'aiguillons à sa vanité ; ne lui donnez pas une instruction superficielle, qui disperse son esprit en mille directions divergentes. Laissez-la pénétrer la raison des choses ; qu'elle apprenne à voir d'un œil ferme les vices du monde, à sonder d'une main assurée les replis cachés de son propre cœur ; n'imaginez pas surtout avoir rien gagné quand vous l'avez poussée dans une dévotion aveugle que vous vous gardez bien de partager avec elle : c'est là un calcul vulgaire et dont les résultats devraient depuis longtemps vous avoir désabusés. Vous la croyez mieux retenue par son confesseur que par sa raison. Étrange méprise ! Le confesseur, toujours plus fort que le mari, est toujours plus faible que l'amant. Tout-puissant dans les langueurs de l'oisiveté domestique, où il apporte quelque émotion et un élément de mystère qui plaît aux imaginations vives, son pouvoir s'éclipse en un clin d'œil le jour où les passions éclatent et où quelque chose de plus mystérieux et de plus émouvant que lui vient animer les heures et remplir la pensée. Le temps est arrivé de substituer à toutes ces autorités qui se succèdent dans la vie des femmes et se passent l'une à l'autre leur sceptre despotique (autorité du père, du mari, du confesseur, de l'amant), la seule autorité légitime, celle de la raison.

Insensée ! me crie-t-on de toutes parts, et la famille, et le mariage, et le pays, que vont-ils devenir? Voulez-vous donc que nous n'ayons parmi nous que des Sapho, des Catherine, des Sémiramis ou des Aspasie? Cette invasion du génie féminin vous épouvante? Croyez-moi, elle ne sera jamais bien redoutable. La nature n'est pas aussi imprudemment prodigue de ses dons. Les Aspasie sont aussi rares que les Périclès ; les Sémiramis ne se rencontrent pas en plus grand nombre que les Charlemagne. D'ailleurs je veux comme vous, plus que vous peut-être, des mères de famille attentives, des ménagères vigilantes et sagement économes, des *femmes fortes* enfin, capables de policer le petit État dont elles sont souveraines, et de tenir d'une main légère et ferme les rênes du gouvernement domestique, en y établissant non-seulement l'ordre matériel, mais encore, ce qui est plus malaisé, l'harmonie morale. Est-ce là ce que font les éducations actuelles ? Les faits parlent ; ils sont contre vous. Je ne vois partout que femmes ennuyées et ennuyeuses au logis ; incapables de discernement dans le choix et la conduite de leurs serviteurs ; ignorantes des procédés les plus simples de l'industrie ou des travaux champêtres ; ignorantes des notions élémentaires de physiologie et de médecine, si nécessaires dans les soins de la première enfance ; inhabiles à la tenue des livres, à l'administration des biens ; insensibles surtout à la poésie du foyer, dont elles devraient être la révélation constante ; pressées de le fuir pour se dédommager, dans la dissipation des cercles mondains, de la nécessité qui les y retient quelques heures. Vraiment c'est pitié de voir ce que vos éducations, si prudentes, à ce que vous croyez, ont fait de la femme, et comme elles ont, à l'envi, appauvri son cœur, énervé sa vertu, amoindri son caractère.

Ces éducations sédentaires et renfermées, ces prétendues études sans principes et sans but, qui ne sont autre chose qu'une oisiveté déguisée, débilitent comme de concert le corps et l'âme, en les éloignant autant de la vraie beauté physique que de la beauté morale. « C'est la paresse, dit Campanella [1], qui décolore leur teint, pâlit leur visage, flétrit leurs chairs et rabougrit leurs membres. Elles ont donc été obligées de recourir au fard, aux chaussures élevées, et de tirer leur beauté, non de la vigueur du corps, mais de la molle délicatesse des formes, et c'est ainsi qu'elles ruinent leur constitution et celle des enfants qu'elles mettent au monde. »

On s'est persuadé de nos jours, dans les classes élevées, qu'une fibre robuste excluait la

---

[1] *Cité du soleil.*

grâce et qu'une langueur habituelle ajoutait à l'agrément des manières. De là toute une beauté de convention à l'usage des femmes riches, ce qu'un critique célèbre dans l'histoire de l'art [1] appelait *una disgraziatissima grazia*, qui ne peut séduire que des goûts mesquins dans leur raffinement. Je demande à quiconque a vu la femme du peuple à Rome, simple et grave dans son attitude, majestueuse sous ses haillons, noble dans sa démarche, et posant encore aujourd'hui, malgré sa déchéance, d'un mouvement cadencé, sur sa tête altière, le vase de l'*incendio del borgo*, je demande si on ne lui fera pas injure en comparant l'harmonie tranquille, forte et sereine de toute sa personne, avec la grâce inquiète, débile, étiolée, maladive et mignarde de nos grandes dames.

Un autre résultat non moins pernicieux de

[1] Vasari.

cette existence amollie qu'on fait aux femmes et de ces études chimériques dont on les leurre, c'est qu'elles engendrent une sensibilité excessive, une curiosité indiscrète, déraisonnable, qui les livrent à des agitations fatigantes pour tout ce qui les approche. Les femmes ainsi élevées ne savent donner aux choses ni leur proportion exacte ni leur valeur relative; elles se passionnent niaisement, avec une impétuosité risible. A des engouements sans cause succèdent des répulsions sans fondement; en tout elles excèdent la mesure. « Faute d'aliment solide, dit encore Fénelon, qu'on ne peut trop citer, leur curiosité se tourne toute en ardeurs vers des objets vains ou dangereux. » Et que devient, je vous prie, confiée à de tels esprits, l'union des familles? Que devient ce don de conseil qui fait de l'épouse prudente le plus sage ami de l'époux, et cet art de captiver les âmes, si nécessaire à qui doit retenir au foyer un mari facilement blasé ou distrait, des parents difficiles et sévères, des enfants que tout dissipe ? Pourquoi donc, encore une fois, et dans quel intérêt ne pas les initier aux leçons de la sagesse antique et moderne, leur apprendre avec loyauté le mélange de bien et de mal qui se rencontre en toutes choses humaines, et la *raison* des devoirs qu'on leur impose ? Vous ne sauriez les empêcher de satisfaire, de façon ou d'autre, les vagues appétits de leur intelligence curieuse. Toute la question est de savoir si elles chercheront dans les sciences et dans les lettres une distraction frivole ou un aliment solide, si elles liront Sophocle ou Scribe, Descartes ou Liguori, Shakespeare ou Kotzebue, Dante ou Delille, Geoffroy Saint-Hilaire ou madame de Genlis; si elles puiseront enfin dans la culture des arts et dans l'étude de la nature le sentiment de la grandeur et de la beauté; si elles y apprendront cette eurythmie souveraine qui, en les pénétrant, se répandra d'elles et par elles jusqu'aux plus humbles et aux plus vulgaires détails de la vie domestique, en voilera les côtés mesquins, en animera la monotonie. Et comment ne voyez-vous pas que l'ignorance pleine d'afféterie où vous voulez les retenir amène inévitablement ce dégoût du foyer, qui, en poussant l'homme aux divertissements du dehors, entraîne le désordre et souvent la ruine de la famille? Quel encouragement à sa vie laborieuse voulez-vous qu'il puise dans l'entretien d'une femme à l'esprit creux, au cœur frivole, oisive ou insipidement occupée de ses demi-talents qui la préparent à des succès ridicules? Quel délassement peut-il espérer dans le commerce d'une personne dont le fastidieux caquet ne se nourrit que des plats incidents de la vie du monde, ou, si elle ambitionne le renom de femme essentielle, des embarras, grossis par son incapacité, de la discipline domestique? Heureux encore quand les tracasseries épineuses des vertus difficiles n'attendent pas l'époux au seuil de sa maison pour le suivre jusque dans les embrassements glacés du lit conjugal !

O sagesse, calculs, égoïsme et orgueil du despotisme masculin, ce sont là les félicités que vous avez obtenues ! On s'étonne qu'elles vous satisfassent et que vous ne soyez point encore arrivés à concevoir et à désirer, dans votre intérêt propre, un régime plus conforme à la nature, plus digne de l'espèce humaine, où (pour parler avec l'Apôtre le plus sévère au sexe, pourtant) « comme la femme a été tirée de l'homme, *l'homme naît de la femme, et tout vient de Dieu*[1]. »

A l'époque où j'écrivais cet *Essai*, et dans le milieu où j'écrivais, en 1847, on était si loin encore de concevoir pour les femmes une autre destinée, un autre droit que celui d'obéir à son mari, de mettre au monde des enfants

[1] Saint Paul.

et de plaire dans les salons, que c'était grande et risible témérité de faire, comme je le faisais dans les pages qu'on vient de lire, une allusion lointaine à la vie des femmes dans la cité, dans l'État.

Depuis lors, les idées de droit et de devoir pour la femme se sont fort étendues.

La révolution de 1848, les écoles socialistes, les publicistes anglais et américains, MM. Stuart Mill, Wendell-Phillips, Henry, Ward-Beecher, etc., quelques écrivains français, M. Édouard Laboulaye entre autres, qui ont examiné le droit politique du vote et de l'éligibilité pour les femmes, ont dépassé de bien loin les timides hardiesses de l'*Essai*.

Mais, pour traiter la question comme on peut et on doit le faire à cette heure, il faudrait écrire tout un livre.

XVI

DU MARIAGE INDISSOLUBLE

> « Lasciate ogni speranza. »
> Dante.

Quelle décourageante lenteur dans la marche des idées ! Que de temps s'écoule avant que la vérité du sage devienne la vérité du vulgaire ! Quelle distance et que d'égarements entre la connaissance d'un principe et son application dans les faits ! Tandis que les sciences naturelles vont avec fermeté de certitude en certitude, et que chacune de leurs découvertes constate un progrès accompli, en arrière duquel nul ne demeure, la science sociale ne procède que par oscillations irrégulières, et l'on est souvent tenté de se demander, tant elle semble hésiter dans ses voies, si le genre humain avance ou rétrograde, s'il se rapproche de la liberté, qui est sa destinée finale, demeure stationnaire, ou ne retourne pas plutôt vers l'esclavage.

Ces réflexions me viennent surtout à propos de la question du mariage indissoluble que l'on est en quelque sorte confus d'avoir à traiter encore, après les autorités nombreuses et considérables qui l'ont tranchée depuis tant d'années, après l'exemple concluant de plus de la moitié du monde chrétien. En effet, on se demande avec surprise comment une nation qui a versé le plus pur de son sang pour conquérir à ses institutions le principe de la liberté politique laisse se perpétuer dans son sein, par une triste inconséquence, le joug indissoluble du mariage (*am*); comment une société, qui a rompu avec le sacerdoce, s'est soustraite à son intervention aussi complétement que l'a su faire la nation française, demeure encore sous l'influence exclusive des idées sacerdotales eu égard à une institution en dehors de laquelle, lorsque la vérité ne lui sert pas de base, toutes les autres deviennent impuissantes pour le bonheur et la dignité de l'homme.

L'indissolubilité du mariage est une suite rationnelle de la doctrine du salut par l'expiation et la douleur. Il n'est rien de surprenant à ce que des esprits, façonnés de telle sorte qu'ils ont admis sans hésiter l'éternité des peines de l'enfer, n'aient pas pris grand souci de la perpétuité des peines du mariage; et encore le droit canonique a-t-il fléchi en admettant la stérilité et l'impuissance comme motifs de légitime répudiation. Chose étrange ! l'Église, spiritualiste par excellence, est venue en aide aux misères physiques et aux souffrances de la chair sans daigner songer, et ceci a droit de surprendre, qu'il est dans certaines impuissances du cœur, dans certaines stérilités de l'esprit, des causes plus graves peut-être et tout aussi irremédiables d'incompatibilité. Le progrès moral des citoyens n'importe-t-il donc pas autant et plus à la société religieuse et civile que leur accroissement en nombre ? La génération serait-elle l'unique but de l'union conjugale ? Malgré l'austérité excessive de la doctrine catholique dans sa conception et sa définition du mariage, elle n'a pu s'empêcher d'accorder pourtant que « les intentions de Dieu, en l'instituant, sont fondées *en premier lieu* sur l'instinct des deux sexes qui fait qu'ils désirent naturellement d'être unis, dans l'espérance du secours qu'ils attendent l'un de l'autre[1]. » Or ce secours mutuel, ce progrès moral attaché à l'union libre de deux êtres sympathiques, que deviennent-ils sous ce joug de fer qui écrase le faible et finit par opprimer le fort lui-même, en vain révolté contre l'irrévocable? L'*irrévocable!* mot terrible dans la bouche d'une créature telle que l'homme, variable à l'excès, sujette à l'erreur, jouet perpétuel de vicissitudes impossibles à prévoir; mot téméraire et insensé, qui va directement contre les desseins de la Providence, car, partout et toujours, elle a tiré ses lois de la nature même des êtres. Comment fermer les yeux à une vérité si évidente? La permanence est de Dieu; elle n'est pas de l'homme. L'irrévocable, non plus que l'éternel, n'est attribut d'aucune chose ici-bas et ne saurait appartenir qu'aux arrêts de la souveraine et infaillible justice. Nous

---

[1] Catéchisme du Concile de Trente.

avons vu rendre hommage à cette vérité lorsque, aux acclamations de tout un peuple, on abolit naguère chez nous la perpétuité des vœux monastiques; et, si notre législation criminelle sophistique journellement et élude autant que possible l'application de la peine capitale, qu'est-ce autre chose encore sinon un tacite acquiescement au même principe, une humaine et juste terreur de l'irrévocable? La société, qui va s'affranchissant et s'éclairant de plus en plus, respecte chaque jour davantage dans son sein cette puissance supérieure qui meut le cœur de l'homme par des touches invisibles, le transforme, et le rend souvent plus dissemblable à lui-même, d'une époque de sa vie à l'autre, que l'arbre chargé de frimas de l'arbre paré de fleurs et de fruits. Elle commence à sentir que, s'il ne lui est pas donné de fixer le bonheur, elle ne doit pas du moins bannir l'espérance. Par quelle déplorable anomalie ce progrès dans les sentiments et les opinions s'arrête-t-il au seuil du mariage ? La Révolution française, en brisant à jamais de si formidables tyrannies, devait-elle en laisser subsister une que des peuples, restés beaucoup plus asservis dans l'ordre politique, ont rejetée, et cela sans qu'il en résultât aucune altération fâcheuse dans les mœurs ?

Encore une fois, on est confus d'avoir à revenir sur d'aussi incontestables choses. Faut-il encore répondre après Montesquieu, Milton, Bentham, madame de Staël, etc., etc., à ces vues superficielles ou à ces rigorismes outrés qui se persuadent qu'une liberté mesurée doit inévitablement pousser en des écarts funestes ; que par la possibilité du divorce la perturbation sera jetée dans la société, et qu'il ne sortira de cet adoucissement abusif qu'une licence légale, dont les enfants en premier lieu seront victimes ? En vérité, c'est par trop méconnaître le cœur humain. Loin de croire à l'abus, je ne crois pas même à l'usage fréquent de la liberté. Il y aura toujours, quoi qu'on en dise, tant et de si fortes raisons pour ne pas briser un premier lien, tant d'avantages dans sa stabilité ! Toujours, sous la loi chrétienne, et l'on peut dire sous toutes les lois, la femme fidèle, l'épouse d'un seul homme, sera particulièrement honorée; toujours l'amour du *premier-né* lui fera supporter ce qui sera supportable. La **constance dans l'amour**, cette fidélité si chansonnée, si moquée chez nous, est un sentiment beaucoup plus naturel au cœur de l'homme qu'on ne le suppose. L'union librement contractée, dans l'âge de discernement, et sans influences extérieures d'ambition, de cupidité, etc., entre un homme et une femme capables d'amour, aura pour elle toutes chances de durée. L'amour, en se transformant peu à peu, se teindra des nuances des âges divers ; à l'ardeur des sens attiédis succéderont la puissance de l'habitude, les secrets de l'intimité, le charme des souvenirs, la reconnaissance, la douce pensée du soutien mutuel dans l'âge où tout nous fuit, le reflet de notre jeunesse dans la mémoire d'un autre, et surtout la sollicitude commune de l'amour paternel. Mais une telle union suppose la sincérité et la liberté : la sincérité, qui ennoblit jusqu'aux fautes ; la liberté, qui ennoblit la soumission en en faisant un dévouement volontaire. De lui-même l'homme aspire à la durée ; il la rêve, il la cherche partout ; il veut la perpétuité surtout dans l'amour ; mais ne le forcez pas à la subir. Ne confondez pas ce qui appartient aux mœurs et ce qui est du ressort des lois, car alors ces lois téméraires, on les élude d'un consentement unanime. C'est ce qui arrive et ce qui arrivera de plus en plus, tant que vous maintiendrez l'indissolubilité du mariage. Entrez dans les cercles de nos grandes villes ; examinez-en le mouvement, l'intérêt, le lien, le prestige : tout y roule sur des amours illicites qui commencent, finissent, se croisent, s'observent, se déjouent. Allez au théâtre, écoutez la foule battre des mains à l'éternelle comédie des maris trompés ; voyez toutes les larmes couler, toutes les sympathies se déclarer pour la passion contre le devoir, pour l'adultère contre le mariage : quel sens trouvez-vous donc à ces témoignages non équivoques? N'en concluez-vous pas que le sentiment universel, averti de ce qu'il y a d'excessif dans vos exigences, protége et encourage tout ce qui s'y dérobe? Que penser d'une loi que l'immense majorité n'observe ni ne respecte? surtout si, en l'examinant de près, cette loi austère et qu'on prétend religieuse, nous venions à découvrir que son austérité n'est qu'apparente et qu'elle couvre le plus avilissant des désordres, celui qui met aux bras de l'époux le fils de l'étranger. La loi (qui pourrait admettre une telle énormité, si une longue habitude ne nous rendait pas tous hébétés et comme incapables de réflexion?), la loi ose imposer à l'homme une paternité ignominieuse. Dans sa discipline expéditive, et cela jusque dans le cas où nul doute n'est possible, il lui faut sur ses registres un nom tout trouvé pour une chose qu'elle appelle un père. Ses vues morales ne s'étendent pas au delà. Triste sagesse, qui nous conduit à de tristes mœurs !

S'abuserait-on vraiment au point de croire que les liens de famille et la vie pieuse et douce qu'ils devraient enserrer d'un nœud d'amour puissent exister là où la paternité, toujours imposée, demeure toujours équivoque, sous l'empire de coutumes qui sollicitent le faible à la perfidie, tant elles la rendent facile et profitable, et qui font de la sincérité du fort la plus dangereuse des vertus ?

On cite avec complaisance le nombre assez considérable d'unions pacifiques, sinon heureuses, sous le régime de l'indissolubilité qu'on reconnaît imparfait, mais qu'on croit nécessaire. Ces dehors honnêtes ne me trompent pas; cette paix extérieure ne m'édifie guère; je sais trop comment on l'obtient : le plus souvent c'est lorsque l'un des deux époux, fatigué, découragé ou pénétré de l'esprit de sacrifice, accepte le rôle de victime et souffre, durant la vie entière, une compression incessante de ses penchants, de ses facultés, de ses goûts, de ses opinions, de tout son être enfin. Le monde admire d'ordinaire dans le sexe féminin ces pâles fleurs de résignation qui végètent à la surface des eaux dormantes; mais la société leur devrait autre chose qu'une admiration dérisoire. On les laisse s'étioler à l'ombre et se flétrir bien avant l'âge, dans la morne torpeur d'une existence sans liberté et sans amour. Serait-ce là le but? Est-ce là cette double vie, ce secours mutuel que promet le mariage? Et, parce qu'une habitude consternée étouffe la plainte, croit-on que le mal a cessé d'exister?

Les enfants, auxquels l'État semble avoir voué toute sa sollicitude, les enfants, auxquels il a cru utile d'assurer un père, non selon la vérité mais selon le règlement, sont, aux yeux du plus grand nombre, l'argument sans réplique. Que deviendront-ils, si vous accordez le divorce, même dans des conditions très-restreintes? Mais que deviennent-ils, je vous prie, dans l'état actuel des choses? Ne sait-on pas, et n'est-il pas évident pour le simple bon sens, que la pire éducation pour les enfants est celle qu'ils reçoivent de parents en mauvaise intelligence[1]? La femme dont le cœur s'abandonne aux amours défendus, la femme troublée, inquiète, qui vit avec tremblement

---

[1] Les difficultés fondées sur l'éducation des enfants disparaissent d'ailleurs dans le système d'éducation publique, qui pourrait et devrait être adopté par les États libres.

dans un réseau de mensonges dont il lui faut à chaque instant renouer les mailles prêtes à se rompre, devient inévitablement mauvaise mère : ou bien elle s'éloigne de ses enfants parce que sa pensée est plus fortement attirée ailleurs; ou bien elle porte dans ses soins et dans ses caresses la fiévreuse agitation de la passion contrariée. Quant à l'homme, dès qu'il se déplaît au foyer, il fait retomber sur sa petite famille son ennui, son humeur, ses soupçons. Au sein de ces dissentiments, l'enfant observe avec défiance, juge avec sévérité, apprend la ruse et conçoit du mépris pour ceux qu'il devrait respecter; il ne respire point l'atmosphère sereine qui seule convient à ses jeunes pensées. Et d'ailleurs, n'en fût-il pas ainsi, cette loi de l'indissolubilité, établie pour protéger l'enfant, ne va-t-elle pas, ainsi que l'observe excellemment une femme illustre[1], peser quelques an-

[1] Madame de Staël.

nées plus tard de tout son poids sur l'homme fait? La protection douteuse qu'elle lui accorde en ces premières années, elle la lui fait rudement expier dans les années qui suivent; qu'y gagne-t-il?

Mais vous poursuivez une chimère, répètent ces commodes moralistes qui savent esquiver sans bruit tous les jougs et prendre philosophiquement leur parti de voir souffrir les âmes vertueuses; la félicité parfaite n'existe point ici-bas. Ce n'est point là, je pense, une raison péremptoire pour que la société ne cherche pas avec persévérance à diminuer la somme des maux qui la pressent et l'étouffent, et pour qu'elle ne veuille arriver à ce que le mal, dans son sein, soit l'exception, non la règle. Or, dans le mariage tel qu'on nous l'a fait, l'exception infiniment rare est l'union heureuse. On a évalué à un *vingtième* les mariages exempts de regrets amers. Voilà donc les éléments de cet *ordre* si vanté! Que d'injustices commises et souffertes sous le manteau de la légalité! Que d'êtres nobles et délicats mortellement atteints dès les premiers jours de la jeunesse! Est-il juste, peut-il être utile que l'époux de la femme adultère porte la honte au front? que celui de la femme stérile se voie à jamais déshérité des joies de la paternité? que la femme aimante et chaste subisse à toute heure, avec l'affreuse pensée de l'*irrévocable,* le despotisme sans contrôle d'un mari vicieux, débauché, accepté plus souvent que choisi avant l'âge du vrai discernement? Si c'était là l'ordre nécessaire, comme on l'affirme, il faudrait en effet se borner à ployer le genou, en appeler à une vie meilleure, lever vers le ciel des mains en détresse et des yeux noyés de larmes; il faudrait renoncer en gémissant à tout espoir de progrès ici-bas; la condamnation de la race d'Adam serait irréfragable; car la société tout entière est contenue en germe dans le mariage. Tant que ce germe ne pourra s'y développer selon des conditions naturelles, aucun progrès décisif ne s'accomplira; la liberté ne sera qu'un vain mot; l'éducation du genre humain sera viciée à sa source; il ne sera pas possible de tracer des règles précises et certaines : il n'en est point pour l'individu quand une institution fondamentale comme le mariage manque de justesse, et par conséquent de cette force supérieure devant laquelle toute conscience droite s'incline avec respect. Une confusion déplorable se fait dans les esprits; il devient excessivement difficile de remonter aux rapports vrais dont nos devoirs dérivent. Le bien ne saurait plus être qu'un moindre mal, car nul ne peut agir seul. La solidarité sociale s'étend à tout et à tous. Nulle existence ne se peut abstraire des autres existences ; nul homme ne vit de soi, pour soi et par soi; nul ne saurait se conduire bien à tous égards, être *juste* enfin, autrement que par le désir, sous l'empire de lois arbitraires et déraisonnables[1].

[1] En m'efforçant, dans ce chapitre, de combattre les préjugés de la société catholique française relativement au divorce, j'ai pu paraître donner à cette question beaucoup plus d'importance qu'elle n'en a réellement à mes yeux. J'ai dit ailleurs (*Esquisses morales*, ch. III) que là n'était pas, pour moi, le remède aux maux dont on se plaint. Aussi longtemps que l'éducation et le droit des femmes ne seront pas institués sur le principe de l'égalité, dans la loi et dans les mœurs, il n'y aura pas d'union conjugale véritable. Le divorce est une injustice moindre ; il n'est pas la justice.

XVII

DE L'ENFANT OU DE L'ÉDUCATION

> « L'homme libre ne doit rien apprendre en esclave. »
>
> PLATON.

L'éducation doit avoir en vue l'homme en tant qu'individu et l'homme en tant que membre de la société. Il y faut le concours de la famille et de l'État en des institutions qui la protègent et la dirigent vers un but unique, à travers les diverses phases de la jeunesse. J'ai dit que l'action de l'éducation (en prenant ce mot dans le sens le plus étendu) commençait dès le sein de la mère, devenue jusqu'à un certain point coopératrice dans la formation d'un être qui se nourrit de sa substance et ressent toutes les perturbations auxquelles elle s'expose (*an*). Mais, dans ma pensée, le devoir des parents remonte plus haut encore. Les circonstances qui voient s'accomplir la conception ne sauraient être indifférentes ; les dispositions morales et physiques du père et de la mère, durant cette opération mystérieuse des forces génératrices, exercent sans nul doute une influence considérable sur l'être qui leur devra le jour : c'est forfaire à la dignité de l'espèce humaine que de ne point environner de respect l'acte qui la perpétue.

L'école de Pythagore recommandait « de ne pas procéder pendant l'ivresse à l'acte saint de la génération (*do*). » L'homme libre, aspirant à créer un homme libre, ne doit point s'accoupler comme la brute qui, dans un brusque transport, se livre à ses appétits aveugles; il doit s'unir à la femme qu'il a choisie selon de particulières et intimes convenances, dans toute la liberté de sa raison, dans la plénitude de sa volonté et dans la concordance la plus parfaite de ses sentiments et de ses désirs. La santé de son âme ne sera pas moins souhaitable en ces étreintes de l'amour créateur que la santé de son corps; l'acte suprême de la puissance humaine, qui est en même temps sa volupté la plus vive, demanderait, pour être ordonné à sa fin auguste, le concours simultané et la perfection de toutes les forces de la vie.

Oh! qu'ils comprenaient mal la grandeur de l'homme, ces pâles ascètes, dont l'esprit morose n'a vu, dans le tressaillement divin qui crée aux flancs délicats de la femme une intelligence immortelle, qu'un acte de concupiscence, une fornication, le soulagement d'un besoin impur (*ap*)! Qu'ils se sont tristement égarés, ces docteurs dans la science d'anathème, eux dont la sombre sagesse a fait du tout-puissant amour une faiblesse honteuse, et de la volupté sainte un péché ignoble! Quelle témérité, quelle audace de folie n'a-t-il pas fallu pour flétrir à ce point les sources mêmes de l'existence, et quelles visions chimériques sont donc apparues à ces cerveaux en délire pour qu'ils aient ainsi frappé de réprobation l'attrait indestructible qui unit l'homme à la femme, la force à la grâce, et consacre par d'inexprimables ravissements la perpétuité de la race humaine!

O nature! éternellement jeune, belle, féconde, puissante et douce nature, malheur à ceux qui t'outragent par une licence dépravée; mais malheur aussi à ceux dont l'austérité aveugle a pu méconnaître et avilir l'exaltation suprême de ta divine énergie dans la plus parfaite et la plus noble de tes créations terrestres!

Les soins de la première enfance sont partout

et avec justesse laissés à la mère. La nature, souverainement patiente, ne veut ni brusques transitions, ni contrastes heurtés dans la formation des êtres. Il plaît aux yeux et il convient à la raison que l'enfant glisse insensiblement des genoux de la femme à ses côtés, et qu'il essaye, sous le rayon plus doux, dans le rhythme plus amolli de la grâce féminine, les premiers pas chancelants de sa vie fragile. La femme, d'ailleurs, nous l'avons vu, par sa complexion délicate et la mobilité de ses sensations fugitives, conserve à tout âge quelque chose de semblable à l'enfant ; de là vient qu'elle s'associe avec tant de souplesse et d'une complaisance si naturelle aux mille petites vicissitudes de ces existences à peine écloses. C'est sans nul effort qu'elle s'amuse des divertissements de l'enfant, qu'elle s'inquiète de ce qui l'émeut, et se désole de ce qui l'afflige ; sans artifice elle gagne sa confiance. Comme elle ne se sent qu'une autorité éphémère et que déjà elle pressent, dans son fils surtout, une vigueur de volonté qui lui résistera bientôt et devra même un jour la protéger, elle commande rarement et ne châtie jamais. Elle a besoin d'être aimée bien plutôt que d'être obéie; elle veut captiver, non contraindre. On la voit pratiquer d'instinct, et le plus souvent sans en avoir conscience, le précepte fondamental de toute éducation raisonnable : inciter à librement vouloir ce qu'il est utile ou nécessaire qu'on fasse; c'est là tout le secret de cette influence si généralement observée de la mère sur son fils. Elle a respecté sa liberté; à son tour il respectera sa faiblesse. Tandis que l'autorité despotique du père produit la rébellion ou l'hypocrisie, le doux ascendant de la mère, imposé par la nature dès les premiers instants de la vie, subi avec amour durant l'enfance et la jeunesse, se perpétue à travers tous les âges et se retrouve entier à l'heure de la mort (*aq*).

Mais encore pour cette première éducation

toute passive, dont le seul but doit être de suivre les indications de la nature physique, pour cette hygiène pédagogique d'une créature presque exclusivement sensitive, il faudrait des connaissances et surtout une faculté d'observation soutenue, une sérénité de raison, qui manquent absolument à la femme frivole, ignorante et dissipée, telle que la veulent nos coutumes; de là un vice radical et malheureusement presque irréparable dans la direction imprimée en ce moment, sacré entre tous, de l'humaine métamorphose, où nulle force intérieure ne réagit contre les influences du dehors, où l'enfant s'abandonne sans défense à notre domination.

Et le mal ne fait que s'aggraver avec les années. A la vie végétative de la toute première enfance succède une longue période d'une vie que l'on peut appeler animale, tant les besoins de l'intelligence s'y montrent encore subordonnés à ceux du corps, tant la force matérielle y prévaut et entraîne tout. A cette période d'essor physique, le mouvement, le bruit, les jeux qui simulent le travail, l'émulation d'un compagnonnage expansif dans la lutte contre des obstacles cherchés volontairement, la liberté au grand air surtout, ou du moins dans de vastes espaces, sont pour l'enfant des conditions d'être. L'asservir, ainsi qu'il arrive dans la famille, à toutes les contraintes de nos bienséances, dans le commerce de personnes d'un autre âge, qui ne sont à ses yeux que des juges et des maîtres, c'est lui infliger un supplice cruel. Essayons de nous figurer ce que nous deviendrions nous-mêmes si nous étions forcés de passer tout notre âge mûr avec des vieillards entrés dans la caducité, sans nul commerce avec nos contemporains : une tristesse mortelle s'emparerait de notre cœur ; ni leur affection, ni aucune de leurs qualités, en les supposant éminentes, ne pourraient nous tenir lieu du charme naturel attaché à la conformité des années, d'où naît la sympathie des goûts et des besoins. Comprenons donc à quelles muettes tortures est condamné l'enfant du riche, élevé dans ce que l'on appelle les joies intimes de la famille, livré à trois tyrans détestés : le classique fastidieux, le cuistre qui l'explique, l'encrier où se puise l'ennui; perpétuellement en butte aux admonestations des aïeuls, aux réprimandes des parents, aux conseils des amis, aux avis de tous; passant de bienséance en bienséance, de privation en privation, les heures uniformes des interminables journées. Pour lui aucun plaisir adapté à son âge, aucun amusement qui ne soit empoisonné par les mille restrictions dont l'entoure une surveillance minutieuse.

L'éducation, telle qu'on l'entend chez nous, immole sans hésiter les joies et les libertés du présent à je ne sais quel avenir problématique qu'on se figure apparemment comme le seul âge des jouissances stables et légitimes. On écrase la naturelle gaieté de l'enfant sous le poids d'enseignements qui lui serviront *plus tard*, dit-on; et dans la prévision d'une époque indéterminée qu'il n'atteindra peut-être jamais, avec la certitude accablante d'une vie en toute hypothèse excessivement courte, on ne prend nul souci de son bonheur actuel, et l'on dépouille de toutes ses fleurs ce printemps rapide et charmant qui ne doit plus renaître.

Un système d'éducation publique, bien combiné, remédierait à ce principe d'isolement, qui fait respirer à l'enfance une atmosphère d'égoïsme et de servitude, aussi préjudiciable aux facultés de l'âme qu'à celles du corps. J'y voudrais, pour première condition, des établissements fondés à la campagne, dans l'air libre, qui forme les tempéraments robustes et les sens exquis, en présence de la nature, seul livre qui convienne et plaise à l'enfance, parce que chaque chose y fait image et que le souffle de la vie y circule en animant tout : là seulement l'éducation peut suivre l'ordre indiqué par la raison. En attirant doucement l'attention de l'enfant sur les phénomènes journaliers qui s'offrent à sa vue, en lui faisant observer la figure des constellations, le mouvement des astres, les mœurs des animaux, la beauté et l'usage des plantes, la noble utilité des travaux rustiques, vous donnez à cette jeune et riante imagination une occupation qui la charme ; de l'observation partielle des faits vous passez aux notions générales; l'image vous conduit à l'idée, l'analyse à la synthèse; de la connaissance du monde visible vous déduirez, quand il en sera temps, l'analogie des lois morales, posant ainsi dans l'esprit de votre élève le seul fondement solide de toute science en même temps que la seule méthode rationnelle de toute doctrine.

Tout le reste est interversion, violation des

procédés naturels ; et, quant à moi, j'aimerais mieux pour l'homme qu'il entrât à vingt ans dans le monde, ignorant, mais ému de nobles curiosités, agité de désirs intellectuels, que chargé, comme on le voit, d'une érudition contraire à son génie, déprimé, écrasé sous le lourd fardeau d'une science morte, qu'il maudit en secret, et dont il ne fera jamais rien ou dont il ne fera tout au plus qu'un usage vulgaire.

Une juste combinaison de l'éducation publique, dont je parlerai plus loin avec détail, aurait encore un autre avantage inappréciable : c'est que de très-bonne heure elle exciterait à se produire au dehors, par le contact et le contraste d'enfants du même âge, ces saillies de la volonté, ces particularités de caractère, par lesquelles se révèlent les hommes éminents. Le sûr instinct qui règle les relations des enfants entre eux, leur inébranlable sentiment de justice, les préservent mutuellement de cette oppression inintelligente qui est le vice inévitable des éducations privées, où la volonté des parents et la convenance des situations viennent presque toujours faire violence aux penchants. Le nombre de ces fortes originalités que nous nommons génies serait beaucoup moins limité si les errements monotones de notre pédagogie ne tendaient aussi obstinément à comprimer les libres essors et les combinaisons variées à l'infini de l'opulente nature.

On peut facilement inférer de ce qui précède, et d'ailleurs je l'ai déjà dit, combien je suis éloignée d'admettre en principe la perversité originelle de l'espèce humaine : c'est, à mon sens, le plus funeste préjugé qui jamais ait aveuglé les hommes. La nature produit des monstres, il est vrai, mais dans une proportion bien rassurante et telle qu'il n'est nul besoin de la prévoir dans un plan général. Quant à cette multitude de caractères mal compris et mal gouvernés que l'on déclare de *mauvais naturels*, elle n'existe que dans notre pauvre conception, injurieuse à la toute-puissante sagesse, qui est le tout-puissant amour. Ce que nous appelons le *mal* dans la jeunesse n'est que la disproportion, l'excès d'un penchant qui, pris à temps et bien dirigé, aurait pu devenir une manière énergique, particulière et exceptionnelle, d'opérer le bien.

LIVRE V

XVIII

DE L'ÉTAT

« L'État n'a pas pour fin de transformer les hommes d'êtres raisonnables en animaux, mais bien de faire en sorte que les citoyens développent ensemble leur corps et leur esprit, fassent librement usage de leur raison, ne rivalisent point entre eux de haine, de fureur et de ruse, et ne se considèrent point d'un œil jaloux et injuste. La fin de l'État, c'est donc véritablement la liberté. »

SPINOZA.

Dans l'acception générale du mot, l'État, ou la nation en tant que gouvernant et gouvernée, est un être collectif, une sorte de personnalité abstraite, qui se compose de la réunion plus ou moins considérable d'individus parlant la même langue, soumis aux mêmes lois, sur un même territoire, borné par des limites naturelles ou conventionnelles, et dont le nom idéal est *patrie* (ar).

La réunion en société d'un nombre d'hommes déterminé ou indéterminé ne saurait avoir un autre intérêt ni une autre fin que l'intérêt et la fin propres à chacun de ces hommes, cela tombe sous le sens ; aussi l'État, ainsi que l'individu, mû par le double instinct d'égoïsme et de sympathie, cherche-t-il instinctivement son bien : la liberté; il l'atteint par le même moyen : la connaissance.

Le gouvernement d'une nation, quelle que soit sa forme politique, pour rester légitime, ce qui signifie conforme au génie d'un peuple, devra être toujours la raison commune exprimée, suivant les temps et les lumières, dans une législation établie ou maintenue par l'autorité d'un seul ou de plusieurs, mais avec l'assentiment, au moins tacite, de tous ([as]).

Le souverain, de quelque pouvoir qu'il se trouve revêtu, de quelque nom qu'on l'appelle, ne peut jamais être considéré, même dans l'enfance des peuples, comme exerçant un *droit* sur la nation qu'il gouverne, mais comme investi de la mission sacrée de la guider, de l'élever jusqu'à la connaissance parfaite d'elle-même, jusqu'à la pleine possession de sa liberté. Ce n'est pas, tout le monde en convient aujourd'hui, pour la satisfaction d'un monarque, mais pour l'avantage de tous les citoyens, qu'est instituée l'autorité suprême. Alors même qu'elle est réduite aux mains d'un seul, elle a son type et sa règle dans l'autorité paternelle, dont j'ai marqué plus haut les limites. Mais cette sorte de gouvernement n'est raisonnablement admissible qu'en des temps de barbarie, où le peuple, ignorant, enthousiaste et crédule comme l'enfant, va de lui-même au-devant d'un maître dont la supériorité l'éblouit, et qu'il suit avec une docilité passionnée (²¹). Dans les temps civilisés, c'est un étrange anachronisme, funeste à tous, au monarque plus encore peut-être qu'aux sujets; car un homme chargé d'un fardeau aussi disproportionné à l'humaine faiblesse, qui ne comporte rien d'absolu, se voit malheureux à l'égal de ceux qu'il opprime. Isolé dans sa propre grandeur, jeté par une force malfaisante hors de toute relation naturelle avec ses semblables, *il ne commande*, dit Bacon, *qu'en perdant sa liberté; il n'acquiert ce pouvoir sur les autres qu'en renonçant à tout pouvoir sur lui-même.* Combien d'exemples, et contemporains, nous font connaître le danger de ces déplorables concentrations de l'autorité sur une seule tête, et quels vertiges s'emparent de l'âme à ces hauteurs solitaires du pouvoir absolu! Espérons que ces despotismes, avilissants pour ceux qui les exercent comme pour ceux qui les subissent, n'affligeront plus longtemps l'humanité. Les grands penseurs de tous les siècles l'ont reconnu : l'État le plus parfait, c'est l'État le plus libre; celui au sein duquel chaque citoyen, soutenu par la totalité des forces communes, arrive le plus aisément au développement complet de la vie en lui, et où le concours universel assure à chacun les garanties inviolables qui donnent à l'existence toute la noblesse et toute la sécurité dont elle est susceptible. En dehors de ces garanties, fussiez-vous en pleine république, vous aurez toujours, à différents degrés, le despotisme.

Les grands hommes qui ont momentanément jeté de l'éclat sur la vie des nations ont agi sur elles comme les fortes passions sur les individus; ils leur ont imprimé un élan extraordinaire, qui rarement est demeuré contenu dans de justes limites. D'éblouissants succès, achetés par de profondes misères, marquent ces époques où un seul homme violente, pour ainsi dire, et concentre sur lui l'attention publique. La perfection idéale de l'État n'est point, non plus que celle de l'individu, l'essor fougueux d'une passion dominante, mais l'accord établi entre toutes les forces. Un gouvernement sage, exact, modéré, qui s'attacherait à élever insensiblement, dans toutes les classes, le niveau de la connaissance, de la moralité, de la liberté (on sait qu'à mes yeux ce sont trois termes correspondants), aurait opéré un bien infiniment plus réel et plus durable que l'homme de génie, enivré de sa propre gloire, employant sa puissance à comprimer l'essor de la liberté, et dont l'apparition n'eût donné à son peuple qu'une suprématie éphémère, tout extérieure, qu'un vain prestige attaché à sa personne et bientôt évanoui avec lui.

Les devoirs de l'État envers lui-même, ainsi

que ceux de l'individu, peuvent se réduire à deux principaux : 1° veiller à sa propre conservation en se défendant contre les ennemis extérieurs, en assurant au dedans à chaque citoyen les conditions premières de la vie physique, en protégeant cette vie et tout ce qui la rend chère à l'homme contre les malfaiteurs ; ce devoir, dans les conditions présentes de la civilisation, donne naissance aux institutions militaires et à la législation criminelle ; il suppose la science de l'économie politique ; 2° marcher toujours vers la liberté ; s'élever de plus en plus dans la vie morale collective, ce qui ne se peut faire qu'en assurant à chaque citoyen une éducation suffisante pour qu'aucune de ses facultés ne s'étiole faute de lumière, un enseignement gradué dont le degré inférieur soit tel que nul ne demeure ignorant de ce qui le rend supérieur à la brute, de ce qui fait de lui un être raisonnable, un homme enfin : c'est le vaste problème de l'enseignement public, sur lequel repose tout l'avenir de la liberté en Europe. Ce devoir comprend les encouragements à l'industrie, à la culture des sciences, des lettres et des arts, qui, dans l'épanouissement de leur grâce et de leur beauté, sont comme la fleur de la liberté humaine.

Les devoirs de l'État envers autrui sont tous compris dans la notion de justice ; il est superflu de le démontrer, car personne n'a jamais avancé cette proposition malsonnante : qu'un État devait *se dévouer* à un autre État, qu'un gouvernement était tenu, par la loi divine, de *se sacrifier* à un autre gouvernement. La résignation, l'humilité, le sacrifice, dont on a voulu faire la règle de la vie individuelle, deviennent des vertus absurdes dans leur adaptation à la vie nationale.

Un État qui accomplisse fidèlement ces devoirs, un État tel que je le conçois, tel qu'il m'apparaît dans la méditation des lois générales de la nature, ne s'est vu nulle part encore.

Est-ce un motif pour décider qu'il ne se verra jamais? Je ne le pense point. Si même il était vrai que tous les systèmes eussent été essayés, éprouvés, et qu'on nous vît arrivés aujourd'hui en France à la possession du meilleur gouvernement possible, chose au moins discutable, il ne s'ensuivrait pas avec rigueur que cette excellente forme de gouvernement ait produit déjà tous ses fruits et qu'elle ait achevé de résoudre les grands problèmes sociaux. Tant que nous verrons les sciences physiques, dont le progrès est si rapide depuis un demi-siècle, marcher isolément, sans accord, et découvrir pourtant chaque jour de nouvelles harmonies, des similitudes qui surprennent, il nous sera permis de croire que la loi sociale ne nous est point encore mais pourra nous être en son temps révélée. Chaque découverte nous soumet quelque force aveugle qui précédemment nous dominait : l'air, la vapeur, l'électricité, etc., etc.

En connaissant une loi physique, l'homme l'applique et l'ordonne à ses fins; il en sera de même dans le monde moral.

Tout se tient, se lie, s'enchaîne, se combine. L'ordre moral et l'ordre physique sont aussi inséparables dans la pensée infinie que l'âme et le corps dans la personne humaine (au). Et ce serait une présomption inqualifiable des moralistes et des politiques que de supposer qu'ils ont compris l'âme du monde, ou la sagesse sociale, avant d'avoir même entrevu la totalité des phénomènes visibles (av). Puisque le corps humain, la matière et ses disciplines frappent nos sens en premier lieu et nous conduisent par induction à la perception des choses de l'entendement, n'est-il pas rationnel de penser que les découvertes des sciences naturelles devront également précéder et entraîner après elles les découvertes des sciences politiques (ax)?

Dans les circonstances présentes, notre œil

est tellement appesanti par le préjugé et troublé par les fausses lumières, que nous avons une peine infinie à concevoir un ordre plus conforme à la nature. Les *fantômes*, dont parle Bacon, semblent plus que jamais hanter notre intelligence. La multitude de nos règlements arbitraires et transitoires nous déroute et nous fait perdre la trace de la loi immuable. Toutes nos sociétés ont été fondées par la conquête, sur la soumission au *fort armé* ([ay]), sur la croyance à un homme ou à une caste supérieure, considérée comme seule révélatrice des volontés divines. Cette autorité illégitime, appuyée sur les superstitions de l'ignorance, suscite, de siècle en siècle, des réactions sanglantes, des révolutions qui ne sont trop souvent qu'un mal opposé à un autre mal, le triomphe d'une passion sur un vice. Au sein de ces secousses et de ces perturbations, peu de vérités prennent racine. Comme nous n'avons dans les temps modernes aucun exemple d'une société librement constituée (⁴²), selon des notions de justice vraie, nous ne sentons pas que notre prétendu ordre social n'est qu'un désordre discipliné, subi par prescription (⁴³). Le plus grand nombre n'entrevoit guère, tant l'esprit humain se ploie et s'abâtardit dans la coutume, qu'autre chose serait possible et désirable; c'est à peine si l'on ose émettre une opinion hors de la routine. Toutefois, si j'ai réussi dans les chapitres précédents à démontrer que la fin de l'homme individuel est la liberté, et que le seul moyen de parvenir à cette fin c'est la connaissance, un point du moins restera hors de contestation : c'est qu'il en va de même pour l'homme collectif ou l'État, et que toute organisation sociale qui n'a pas pour principe et pour fin la liberté est une organisation vicieuse, condamnée, dans un temps que l'on peut considérer aujourd'hui en Europe comme assez rapproché, à se dissoudre.

XIX

DE L'INSTINCT DE CONSERVATION DANS L'ÉTAT
ART DE LA GUERRE

> « La prédominance de l'esprit militaire dans l'antiquité est en relation directe avec l'infériorité de l'industrie. »
> Littré.

C'est une question agitée par beaucoup d'esprits, de savoir si l'antagonisme de peuple à peuple est fondé sur la nature des choses et devra conséquemment durer toujours, ou bien si la civilisation moderne, qui substitue peu à peu au principe destructeur des rivalités de nations et de races un principe religieux d'émulation et de concours, doit le faire un jour entièrement disparaître (*bb*). Il n'est pas difficile cependant d'y répondre. L'histoire du passé nous montre les petites agglomérations se fondre peu à peu dans de plus grandes, et les cercles, en s'agrandissant, éloigner les limites qui les divisent. La famille devient tribu ; la tribu, peuplade ; la peuplade, nation ; les nations à leur tour, réunies par la conquête, forment de vastes empires ; et si, comme il arrive dans toutes les opérations de la force humaine, nous voyons des temps d'arrêt, et même des phases malheureuses durant lesquelles la civilisation semble détruire son propre ouvrage, il n'en est pas moins manifeste que les principes pacificateurs s'étendent de proche en proche (*bc*) et règnent aujourd'hui, si ce n'est dans les faits, du moins dans les sentiments et dans es dées des gouvernements européens. En ces derniers temps surtout, les découvertes en tous genres, l'étude comparée des races, des religions, des idiomes primitifs, les applications merveilleuses de la science et de l'industrie, les lois de l'économie politique, mieux comprises, tout converge vers l'unité et vers les notions d'un développement pacifique des sociétés civilisées (*bd*). Il n'est plus chimérique aujourd'hui de supposer que la puissance des idées détruira le fléau de la guerre (*be*), et que, les races qui habitent le globe arrivant à se bien connaître, le genre humain, parvenu à ce que la philosophie appellerait *la conscience de soi*, formera une vaste personnalité, un organisme d'autant plus un qu'il sera plus composé (suivant la loi qui régit tous les organismes), et gouvernera d'un accord commun, se partagera paisiblement, pour la féconder et l'embellir, toute la terre habitable (*bf*).

Soyons justes néanmoins, et observons qu'à certaines époques il est arrivé que des guerres sanglantes ont agi comme moyens de civilisation. Les grands conquérants ont fait connaître l'un à l'autre des peuples qui s'ignoraient; ils ont placé les nations vaincues sous l'inspiration d'un génie supérieur : Alexandre, César, Napoléon, ces glorieux dévastateurs, en détruisant les choses périssables, ont, à leur insu même, semé des idées immortelles; un mal partiel a déterminé un bien plus général; la mort a engendré la vie.

Mais la civilisation est depuis longtemps en possession de moyens plus prompts, plus efficaces et moins cruels. Guttenberg, cet humble libérateur de la pensée humaine, lui qui a dit aux hommes : *Connaissez-vous les uns les autres*, ce qui a rendu possible l'accomplissement de la parole du Christ : *Aimez-vous les uns les autres*, Guttenberg, en donnant au monde un organe nouveau, est le fondateur véritable de cette ère pacifique que l'ordre ancien trouble encore des dernières convulsions de son agonie, mais dont il ne pourra plus retarder que de bien peu l'avénement complet (⁶⁹).

Jusque-là cependant la légitime défense d'un pays, le principe de la justice et l'intérêt de la civilisation, qui peuvent en certains cas forcer à l'agression, rendent indispensable l'exercice de l'art de la guerre, dont je trouve cette définition excellente dans l'œuvre d'un illustre maréchal : « L'art de la guerre est l'ensemble des connaissances nécessaires pour conduire une masse d'hommes armés, l'organiser, la mouvoir, la faire combattre, et donner aux éléments qui la composent leur plus grande valeur, tout en veillant à leur conservation[1]. »

Il ne peut pas entrer dans mon plan de m'étendre sur l'art de la guerre ; je ferai seulement observer que les plus considérables autorités

---

[1] Marmont, *Esprit des institutions militaires.*

dans cet art, où tout semble fondé sur la discipline et l'obéissance passive, attestent combien l'amour du soldat pour son chef, la confiance, née de la persuasion qu'il est bien conduit, c'est-à-dire cette partie de lui qu'il donne *librement*, exercent d'action sur le gain des batailles (*bh*). Il est notoire aussi que, dans cette société artificielle qu'on appelle une armée, la solidarité de tous dans une constante communauté de dangers, d'intérêts, de gloire, multiplie les affections tendres, généreuses, et porte aisément les hommes à des actes héroïques : exemple frappant et trop peu médité de l'ennoblissante influence de la vie collective!

Mais la permanence des armées est une charge pour l'État, un péril pour la liberté, et jette une grande perturbation dans l'organisation sociale ; car, en temps de paix, rien de moins naturel dans un pays que la présence d'une multitude guerrière, enlevée aux travaux de l'agriculture, de l'industrie, du commerce. On remédierait, en partie du moins, à cette perturbation, si l'on appliquait les armées à des travaux publics utiles et assez grandioses pour entretenir en elles le sentiment de l'honneur national, qui est leur âme. Mais comme on pourrait me croire, et à bon droit, absolument incompétente en ces matières, je me bornerai à renvoyer encore ici au livre déjà cité (*bi*). Qu'on me permette seulement une dernière réflexion : la principale force d'un pays libre ne réside pas dans une armée plus ou moins considérable, mais dans l'esprit public, c'est-à-dire dans le nombre des individus qui s'intéressent au maintien de l'État, et dans la vivacité de cet intérêt. L'amour réfléchi des institutions qui les rendent heureux remplace chez les peuples civilisés l'amour aveugle du sauvage pour le sol où il est né, et exalte jusqu'à l'héroïsme la nation tout entière lorsqu'elle se voit menacée. Il devient facile alors, et sans aucun danger, d'organiser la force publique selon un mode beaucoup moins onéreux et plus conforme au génie de la liberté ([bj]).

XX

DE L'HYGIÈNE PUBLIQUE

« Les hommes savent comment on doit planter et cultiver l'arbre nommé *thoung*, que l'on tient dans ses deux mains, et l'arbre nommé *tse*, que l'on tient dans une seule main. Mais, pour ce qui concerne leur propre personne, ils ne savent pas comment la cultiver. Serait-ce que l'amour et les soins que l'on doit avoir pour sa propre personne n'équivalent pas à ceux que l'on doit aux arbres *thoung* et *tse* ? C'est là le comble de la démence. »

MENG-TSEU.

Cette proposition : que l'État, en retour de ce qu'il demande à l'individu d'activité et de concours, doit lui assurer une vie tolérable (je dirais volontiers humaine, et l'on verra pourquoi tout à l'heure), porte avec soi un caractère d'évidence tel qu'il pourrait sembler superflu de l'énoncer, si le triste spectacle des misères sociales ne montrait combien elle est encore peu présente à l'esprit de ceux qui gouvernent. Chez les nations les plus civilisées l'existence matérielle est, pour la classe du prolétariat, rudement achetée chaque jour par un travail exorbitant, soumis à des conditions et des chances qui le rendent en beaucoup de cas plus dommageable que productif (ᵇᵏ).

Le travail n'est point un mal, loin de là : l'activité des forces est essentielle au bonheur; mais ce qui est un mal affreux, c'est la disproportion hors de toute mesure, dans la vie du pauvre, entre les heures de travail et les heures de loisir; car l'abrutissement des facultés et la prompte ruine de la constitution en sont les conséquences inévitables. Me préserve le bon sens de faire, ainsi que le veut la mode, de la charité romanesque. Restons dans la gravité des faits ; consultons les statistiques les plus favorables ; tenons-nous aux chiffres, de peur d'un apitoiement trop facile, et reconnaissons avec stupeur et remords qu'une majorité immense naît sur le grabat, croît sans asile et sans soin, vit dans les sueurs fiévreuses d'un travail incertain, insuffisant ou insalubre, et meurt, avant le temps fixé par la nature, sans avoir joui peut-être d'un seul jour de sécurité, sans avoir pu jamais échapper, autrement que par l'ivresse ou par le crime, à l'oppression d'une misère irrémédiable (64).

Nul ne meurt de faim : axiome familier à ceux qui jamais n'endurèrent la faim. Le corps humain, il est vrai, oppose une force longtemps invincible à la destruction ; il résiste inconcevablement aux privations les plus cruelles ; mais hélas ! vivre d'inanition n'est pas un moindre mal que d'en mourir ; et qui sait d'ailleurs comment l'on vit et l'on meurt dans ces masses sans nom qui passent, silencieuses et mornes, tout au fond de la sociale comédie, courbées sous le poids de notre indifférence, comme les réprouvés du poëte sous la chape de plomb éternellement écrasante ! Mais l'aumône est prodigue, empressée ; l'aumône a des ailes ; elle court, vole, se répand et se multiplie avec une merveilleuse intelligence ; la charité chrétienne prévoit tout, plaint et console tout ; et si elle ne remédie pas à tout, c'est que le mal est nécessaire, et ne se peut bannir que dans les utopies de quelques bons cœurs qui n'entendent rien au train du monde. C'est ainsi qu'on raisonne et qu'on se tranquillise. Ames généreuses, philanthropes respectables, votre aveuglement se prolonge outre mesure ; il est bien temps qu'on vous éclaire. Souffrez qu'on vous le dise enfin sans détour : il ne s'agit pas de charité, mais de justice. Cette aumône qu'on préconise, moi je la voudrais supprimer ; vous la reconnaissez insuffisante, je la déclare fâcheuse, parce que son résultat le plus certain, c'est de rassurer le riche dans la possession de ses richesses et de perpétuer dans l'esprit du pauvre le sentiment dégradant d'une dépendance dont rien ne le relève, d'un esclavage d'autant plus odieux qu'il ne donne même pas, comme l'esclavage antique, la sécurité d'un certain bien-être. Non, non, l'aumône recommandée aux uns, la résignation prêchée aux autres, font injure à la sagesse humaine, en accusant l'impéritie de nos établissements politiques. C'est à la raison publique et non à la charité particulière qu'il appartient de faire cesser cet inique partage qui donne à l'un le repos sans travail, la jouissance sans effort, à l'autre le travail sans joie, l'effort sans récompense. Elle le peut faire, elle le fera; non pas en dispensant à tous la richesse, ce qui ne semble pas possible et n'est pas même souhaitable, mais en assurant à chacun le travail intelligent, proportionné aux forces, l'aisance laborieuse, ce loisir bienfaisant qui apporte le repos au corps, la liberté à l'esprit, et ramène l'homme, en certaines heures de grâce, aux joies pieuses des affections du cœur. Autrement les souverains ne gouverneront pas des hommes, mais des brutes ; et s'il est vrai, comme l'a dit Bacon, que *la dignité du commandement se proportionne à la dignité de ceux à qui l'on commande, que l'empire sur les animaux est chose vile, et que régner sur des esclaves est plutôt un déshonneur qu'un honneur*, exhorter les princes de la terre et leurs ministres à se préoccuper fortement de ce qu'on peut appeler aujourd'hui la grande, l'unique affaire, c'est moins encore les rappeler à un devoir imprescriptible qu'aux intérêts bien entendus de leur propre grandeur ([bm]).

Mais ce problème de l'extinction du paupérisme est si fortement noué à l'ensemble des problèmes soulevés chez nous de toutes parts, il se lie d'une façon si étroite à la question du salaire, de la propriété, de l'hérédité, de la liberté des échanges, à tout notre système social, qu'on n'y peut toucher par la pensée qu'aussitôt tout ne s'ébranle. Trois évidences enchaînées l'une à l'autre vont le montrer : aussi longtemps qu'il y aura des oisifs, il y aura des nécessiteux ; aussi longtemps qu'il y aura des fortunes héréditaires, il y aura des oisifs ; aussi longtemps que la nation ne se gouvernera pas elle-même, que tous ne seront pas appelés à faire partie de l'État, l'État ne songera point au salut de tous.

Pour sortir de ce cercle vicieux, il ne faudrait pas moins que l'avénement aux affaires d'une génération sincère et forte, libre de tous préjugés, magnanime, enflammée d'une de ces ardeurs saintes qui jadis s'emparaient des peuples à la voix d'un prophète ou d'un réformateur. Cette voix prophétique et réformatrice nous parle aujourd'hui à toute heure, il est vrai, en tous langages et par mille bouches, dans les livres, dans les journaux, dans les chaires et dans les tribunes; mais le grand bruit du mensonge qui s'y mêle nous assourdit; nous confondons dans une même indifférence la vérité et l'erreur. Bien peu d'entre nous savent comprendre, et nulle part je ne vois les courages qui, ayant compris, oseraient vouloir.

Ces interrogations posées et offertes à la méditation des politiques, j'ajouterai quelques mots seulement encore sur le devoir de l'État concernant la vie physique des citoyens, quelques réflexions rapides qui, sans entamer les grandes questions que je viens d'effleurer, portent sur un point assez important de l'existence publique.

Dans tous les pays véritablement civilisés, il y a dans les affaires un département affecté à la force, un autre aux travaux, un autre au culte, un autre encore à l'instruction publique; mais l'hygiène publique semble, comme de concert, oubliée ou du moins négligée ; on n'a pas jugé apparemment qu'elle valût, de la part des chefs de l'État, une attention sérieuse. Et cependant la salubrité d'un territoire, de ses villes et de ses hameaux, la bonne constitution de ses habitants, seraient-ce là des choses d'un intérêt médiocre pour qu'on s'en occupe si peu et si mal? Quand on parle de la prospérité d'un pays, que peut-on entendre pourtant, si ce n'est en tout premier lieu la vigueur, la santé et la beauté de la race d'hommes qui l'habite ? On se préoccupe assez, depuis un certain nombre d'années, de l'amélioration des races animales : les chevaux, les bœufs, les chiens, les moutons, sont l'objet d'une particulière sollicitude de la part des grands et des riches. Ces tendances sont louables et je suis prête à y applaudir, à une condition seulement, c'est qu'on comprendra dans ces dispositions prévoyantes et conservatrices la pauvre race humaine, abandonnée, livrée au hasard, à l'action détériorante de la misère, de l'incurie et du temps, qui mine sourdement, mais sans trêve, tout ce qui ne lui oppose pas une résistance active (*bn*).

A coup sûr l'établissement d'une direction nombreuse, et composée avec le plus grand soin, de l'hygiène publique, établissement dont les dépenses seraient aisément supportées par une partie des aumônes éparses et inintelligentes qui tombent sans discernement et sans fruit de la main du riche, donnerait une impulsion heureuse aux améliorations qui se font trop attendre (*bo*). Nous ne savons pas assez, à ne prendre que la classe la moins pauvre du peuple, combien de stupides coutumes et l'ignorance des plus simples notions hygiéniques causent de ravages faciles à prévenir. Nous serions surpris, consternés, si nous allions voir dans quels bouges infects logent, au sein même de nos grandes villes, des gens au-dessus de la misère, qui, avec très-peu d'aide et de conseil, pourraient habiter, non des palais, comme on reproche aux prétendus utopistes de le rêver, mais des logements sains. A combien peu de frais s'élèverait, dans les lieux qu'arrosent des cours d'eau, un bain public assigné à la classe indigente! De quel léger traitement, en surplus de ce que lui rapporte sa clientèle, se contenterait, dans chaque village, un médecin honoré d'un titre particulier, dont le devoir serait de soigner gratuitement les maladies du pauvre, et surtout de les prévenir par des avis affectueux! Combien ne serait-il pas facile enfin d'organiser, sur un plan général, un système de surveillance qui, recueillant et rapportant à un centre commun toutes les observations locales, formerait, en très-peu d'années, une expérience publique, d'où l'on verrait sortir sans effort, sans secousse, ces améliorations, modestes en apparence, mais universelles et profondes, qui changent la face des empires : l'assainissement du sol, l'épuration de l'atmosphère; une fabrication et une préparation meilleures des boissons et des aliments; un meilleur système de construction; les maladies chroniques et endémiques victorieusement combattues dans leurs causes premières ; l'enfance protégée contre les préjugés encore à demi barbares de nos populations rustiques! Chaque commune, par exemple, ne devrait-elle pas avoir un conseil d'hygiène publique, une réunion composée des hommes et des femmes notables du pays (véritables *selectmen* et *select-women*), auxquels serait confiée cette surveillance, si nécessaire dans l'état de nos mœurs?

Mais on trouvera sans doute que j'arrive à des détails qui sortent de mon premier dessein; rentrons-y donc, et passons à une autre partie du devoir de conservation : la protection de la vie du citoyen par la justice criminelle.

XXI

DE LA PÉNALITÉ

> « Il serait aisé de prouver que, dans tous ou presque tous les États d'Europe, les peines ont diminué ou augmenté à mesure qu'on s'est plus approché ou plus éloigné de la liberté. »
>
> MONTESQUIEU.

Il est constaté que la rigueur des supplices ne contribue en rien à la diminution des crimes. Quand les mœurs sont féroces, les châtiments féroces inspirent peu d'horreur ; quand les mœurs sont douces, des peines légères épouvantent assez. A mesure que le sentiment moral s'élève chez un peuple, les lois rigoureuses y tombent en désuétude. La prison à terme, un travail rude, le bannissement du territoire, des peines pécuniaires considérables, la privation des droits politiques et civils, prononcés en des occasions solennelles, seraient des moyens de répression suffisants dans une république où chacun, ayant reçu l'éducation morale indispensable, puiserait dans l'exercice de la vie commune le sentiment de l'honneur, l'amour de la patrie, et trouverait l'aisance au bout du travail.

La misère et l'abrutissement qu'elle entraîne, l'ivresse dans laquelle l'homme du peuple cherche l'oubli des maux, telles sont les causes les plus habituelles du crime dans les classes inférieures de la société. Dans les autres classes, c'est l'oisiveté, qui exalte les passions, l'indissolubilité du mariage, qui les exaspère, l'héritage, qui enflamme la cupidité, enfin l'opprobre attaché par nos mœurs à des actes qui ne méritent que la commisération (*bp*). Le parricide, l'infanticide, les empoisonnements domestiques n'ont pas, pour l'ordinaire, d'autre cause que la soif d'un héritage qui se fait trop attendre (*bq*), le désir d'une seconde union chez des époux qu'un premier choix a trompés, la crainte du déshonneur chez les filles-mères. Le fanatisme religieux ou politique, cette autre cause de crime, ne serait pas à craindre dans un pays véritablement éclairé, où d'ailleurs les institutions ne laisseraient à aucun individu un tel pouvoir au-dessus des autres, qu'il devînt, par cela seul, un objet désigné à la haine dans les temps de souffrance publique ; c'est à la législation civile et aux mœurs, bien plutôt qu'à la loi pénale, à y porter remède. Presque tout a été dit sur cette matière. Qui pourrait se flatter d'être plus éloquent, plus profond, plus humain et plus sage que Beccaria? Les raisonnements sont épuisés, les autorités irréfragables ; mais tant que nous verrons encore appliquer des peines infamantes et dont l'infamie rejaillit sur l'innocent, tant que nous verrons abattre des têtes, ce sera un devoir, un impérieux besoin, pour quiconque porte au cœur le sentiment de la justice, de protester par un cri énergique contre ce crime légal (*br*).

La justice est satisfaite : sophisme sacramentel qui se répète avec une invariable et sauvage stupidité à chaque exécution capitale ! Dites donc plutôt : l'humanité est outragée, la raison publique profondément humiliée. Elle se montre bien impuissante, en effet, cette raison éclairée, en usant contre l'instinct aveugle d'une réciprocité si brutale. Et quelle inégalité dans cette justice! Un homme a tué par amour, par vengeance, par désespoir, avec égarement dans l'ivresse; une nation, dans sa grave majesté, tue lentement, avec réflexion, de sang-froid, de parti pris; et des juges, singulièrement abusés, s'imaginent porter la terreur dans les âmes perverses, tandis qu'ils ne font autre chose que jeter la consternation dans les cœurs honnêtes et donner au peuple un spectacle gratis (*bs*), qui le divertit au préjudice de la morale qu'on veut protéger.

Encore une fois, et qu'il est étrange de devoir le redire, hommes d'incertitudes, d'opinions versatiles, *têtes ceintes d'erreurs*, comme parle le poëte [1], prosternez-vous devant l'irrévocable, mais ne vous jouez pas d'un tel mystère. Ne jugez pas, ne condamnez pas l'avenir, vous à qui le passé se dévoile à peine, et ne placez pas au faîte de votre législation, ne donnez pas pour gardien à la moralité, à la vertu, à l'honneur publics, un être marqué d'un sceau d'infamie, flétri par la répugnance universelle, dont la vue seule est comme une souillure et dont on évite jusqu'au nom.

---

[1] *La testa d'error cinta.* (Dante.)

« Détruisez les crimes et conservez les hommes, » a dit un grand penseur, martyr de sa conscience[1]. La civilisation ne doit pas avoir d'intérêt plus cher. Aussi voyons-nous, et rien n'est plus fait pour fortifier nos espérances, à mesure que la liberté approche, les supplices reculer devant elle, les bûchers s'éteindre, la torture briser ses instruments. La peine de mort et le bagne sont un dernier vestige attardé de la barbarie et du despotisme : l'une et l'autre étaient une conséquence de la notion de vengeance qui, passée du polythéisme dans les législations anciennes, s'affaiblit peu à peu sous la loi chrétienne de clémence, où elle ne demeure plus que par une sorte d'oubli. La vengeance, c'est l'ivresse de la justice : si nous la trouvons coupable chez l'individu, à combien plus forte raison l'est-elle dans l'État, qui, nous

---

[1] Thomas Morus.

l'avons vu, représente la raison commune ! L'État ne doit pas se venger; il lui suffit de se préserver.

Qui oserait soutenir aujourd'hui que la disparition de l'échafaud laissera un vide funeste dans nos institutions? Croit-on vraiment encore à ce prétendu *exemple*, donné pour l'ordinaire clandestinement, dans le silence et l'obscurité? Suppose-t-on qu'il retienne sur la pente cet homme dangereux à qui l'idée de la mort est familière comme celle du crime? cet être aux instincts brutaux, qui n'a rien d'humain? cet autre qu'exalte un fanatisme aveugle ou qu'exaspèrent des maux sans espoir? Et celui qu'une horrible monomanie entraîne irrésistiblement à l'homicide sera-t-il frappé de stupeur et détourné de sa voie fatale par la vue du supplice? Ces terreurs de l'échafaud n'épouvantent que les esprits suffisamment préservés par leur délicatesse; les autres ne sont aucunement atteints. Il peut arriver même que le remords ou seulement la crainte d'avoir frappé un innocent, d'avoir prononcé une sentence injuste, irrévocable, devienne pour le juge intègre un supplice latent, toujours renouvelé, une peine plus longtemps et plus cruellement sentie par sa vertu scrupuleuse que la mort instantanée subie avec le courage de la brute par un criminel endurci, ou supportée par une âme forte qu'exalte le témoignage intérieur d'une conscience sans reproche ([bt]).

Il en est bien temps, supprimons ces moyens barbares et inefficaces ; appelons à notre aide des moyens plus dignes d'un âge éclairé et mieux en harmonie avec le principe de liberté sur lequel s'essayent nos règlements politiques. Que l'hygiène du corps et l'hygiène de l'âme préviennent les vices; donnons à tous le pain quotidien; sachons rendre le travail productif, l'oisiveté déshonorante; ne poussons pas les passions naturelles dans des voies sans issues; n'élevons plus des obstacles insurmontables à l'encontre d'instincts plus insurmontables encore; ne multiplions pas, par nos lois imprudentes, les tentations et les occasions de crime; éclairons la raison des masses; rendons la vertu plus facile aux cœurs honnêtes; et alors nous verrons les intelligences dépravées réduites à une minorité si petite, les monstruosités de nature s'amoindrir à des proportions telles qu'il sera facile, sans recourir au bourreau ni au boulet, de les retrancher de la société libre en la préservant de leurs forfaits ([bu]).

XXII

DE L'ÉDUCATION PUBLIQUE

> « Depuis les siècles les plus vertueux et les plus sages jusqu'à nos jours, on s'est plaint que les républiques ne s'occupaient que trop des lois et pas assez de l'éducation. »
>
> BACON.

Longtemps on a cherché et on se demande encore si l'enfant appartient à l'État ou bien à la famille, difficulté que je tranche en disant : l'enfant n'appartient ni à l'un ni à l'autre. C'est une notion radicalement fausse que celle de possession appliquée à la personne humaine. Un être de condition libre, tel que l'homme, porte au front, dès sa naissance, un caractère indélébile et sacré; sa noble tête n'est pas faite pour le joug, et si la parole lui a été donnée, ç'a été pour qu'elle devînt l'organe d'une liberté qui devait éloquemment protester contre toute tyrannie, même contre la tyrannie voilée de l'amour paternel. Sa faiblesse en ses premières années fait appel à la sollicitude, à la protection, à l'aide de tous ses semblables, surtout de ses proches, mais ne le livre point, en droit, à leur bon plaisir. Il ne peut être question, pour l'État et pour la famille, que de tomber d'accord sur les influences légitimement constituées qui seront les plus favorables au prompt et solide accroissement des forces de l'enfant; il y a, comme je l'ai dit déjà, pour l'un et pour l'autre, cette obligation de la puissance envers l'impuissance, qui n'implique aucune domination; il y a un devoir à remplir, nullement un droit à faire valoir.

Je n'ignore pas combien, en disant cela, je heurte les opinions reçues ; mais il me faut cependant aller plus loin encore et blesser des illusions chères, en affirmant aux parents que l'enfant n'est point à sa place, ni ne se trouve point heureux dans une vie exclusivement circonscrite au cercle de la famille; tout y contrarie ses instincts : l'absence d'autres enfants, ses pareils, crée le vide autour de lui; la présence continuelle de personnes d'un autre âge l'importune, l'opprime, à tout le moins l'ennuie. Le dogmatisme ininterrompu et monotone de l'éducation de famille a pour résultat d'engourdir au lieu de susciter les facultés; il émousse les saillies de la volonté, resserre le cœur, éteint les flammes du génie ([bv]). Cette admirable diversité des caractères, d'où naît l'intérêt toujours renouvelé de la société humaine, ne peut se produire dans toute sa richesse qu'au vif et multiple contact d'êtres semblables entre eux par les années, les passions, les intérêts et les forces, animés par le magnétisme tout-puissant qu'exhalent, pour ainsi parler, l'enfance et la jeunesse. Je voudrais donc, dans l'intérêt de l'État comme dans celui de l'enfant, qu'un vaste système d'éducation nationale, combiné avec un système de droits politiques gradués suivant les facultés intellectuelles, étendît ses dernières ramifications jusqu'à ces années végétatives, qu'il n'est pas bon d'abandonner entièrement, comme on le fait, aux volontés versatiles et aux opinions contradictoires de pères et de mères pour la plupart incompétents ([hz]). Je voudrais que des établissements, fondés sur le principe de ce que j'ai nommé *l'hygiène pédagogique*, fussent gratuitement ouverts pour cette première période, et reçussent, sans distinction aucune, l'enfant du riche avec l'enfant du pauvre. Confondus dans des soins, des jeux et de légers travaux, ils s'exerceraient ainsi de bonne heure aux exigences améliorantes de la vie commune (⁴⁹), et puiseraient, presque au sortir de la mamelle, des sentiments de fraternité qui, en se perpétuant par la mémoire, atténueraient plus tard, dans l'antagonisme de nos distinctions sociales, l'esprit d'insolence des uns et l'envie amère des autres.

Une conséquence de ce que j'ai dit précédemment sur la destination de la femme, c'est qu'elle aussi a droit au bienfait de l'éducation nationale. Même dans les pays où les femmes sont le plus complétement exclues de la vie civile, on ne peut méconnaître leur influence au foyer. Et comme il est incontestable que les mœurs domestiques finissent par entraîner infailliblement les mœurs publiques, on ne saurait concevoir l'insouciance de nos institutions quant à l'éducation des femmes : la frivolité de cœur et d'esprit, la légereté de caractère, le manque total de vertus patriotiques dans toute une moitié de la nation, en sont les suites grandement regrettables. A supposer même que la femme du riche n'ait, comme le prétendent quelques-uns, d'autre mission dans le monde que d'entretenir l'élégance des mœurs et de favoriser, par son oisiveté et la vanité de ses goûts mobiles, les recherches du luxe et les finesses de la galanterie, je demanderai si la femme de l'artisan, du laboureur, celle du commerçant, qui prend une part si active à la vie commune, n'est pas un membre très-utile de la société et si l'influence qu'elle exerce doit être abandonnée au hasard.

« Les femmes portent l'avenir des sociétés dans leur sein, dit un publiciste éminent; jamais il n'y aura de progrès rapides et réels que ceux qui leur seront dus. L'amélioration du sort des classes populaires et leur moralisation se lient étroitement à l'amélioration de la condition morale des femmes; l'une ne sera possible qu'après que l'autre aura été réalisée [1]. »

[1] E. de Girardin, *de l'Instruction publique en France*.

Ce serait à coup sûr un inappréciable bienfait que le rapprochement du riche et du pauvre, du grand et du petit, à ce moment de la vie où, sincère encore et désintéressé, le cœur s'ouvre à toutes les impressions sympathiques et s'épanche avec un abandon plein de grâce; à cet âge où la supériorité devinée, saluée avec acclamation, ne porte nul ombrage, et où l'on voit d'un commun instinct les aristocraties naturelles se former aussi facilement que les aristocraties artificielles s'effacent. Par cette première éducation nécessaire à tous, et que si peu reçoivent encore ([bs]), par ces éléments de la vie morale qui, cessant d'être un privilége, seraient donnés pareillement à l'enfance de toutes les classes, on insufflerait, pour ainsi parler, à la société entière un même esprit patriotique et fraternel; une même séve circulerait dans l'arbre, depuis ses plus rudes racines jusqu'à ses fleurs les plus délicates; on ne verrait plus au sein de la même nation une classe barbare et une classe civilisée, se considérant mutuellement comme ennemies ou du moins comme étrangères; et les doux souvenirs d'une enfance commune, en flottant comme une mélodie sur le reste des jours, uniraient du moins, dans ce charme indicible attaché aux accents de la vie première, des hommes que les rigueurs ou les faveurs du sort séparent invinciblement plus tard (*ca*).

On a vu que je ne concevais les établissements consacrés à l'instruction publique nulle part ailleurs que dans les campagnes, non-seulement à cause de la salubrité de l'atmosphère, mais encore parce que j'ai posé la connaissance générale des lois naturelles comme base de l'éducation. Je voudrais que tout collége national fût en même temps une institution agricole[1], qu'on y adjoignît une école des métiers, et que des tra-

---

[1] M. de Fellenberg, en Suisse, a obtenu de cette méthode les plus excellents résultats.

vaux, des études, des exercices et des amusements communs rapprochassent encore là le fils de l'artisan, le fils du laboureur et le fils du maréchal de France : l'un y apprendrait, presque à son insu, l'urbanité des manières, la politesse du langage, cette convenance des formes qui manque aujourd'hui totalement aux classes laborieuses et les rend si repoussantes à nos délicatesses; l'autre (ce ne serait pas celui qui y gagnerait le moins), voyant de près le courage, la persévérance et la simple cordialité, qui sont les qualités natives du peuple, en s'essayant avec lui à la pratique difficile des arts rustiques et mécaniques, sentirait, sans qu'il fût besoin de l'en avertir, ce que peut avoir de supériorité de caractère et de grandeur véritable un être moins doué en apparence et dont l'esprit moins subtil reste attaché à la terre qu'il laboure, aux plantes qu'il fait croître, aux animaux qu'il élève, à l'usine et au métier auxquels il imprime le mouvement. Et tous, passant alternativement de la théorie à la pratique, se délassant de la contention du travail intellectuel par l'activité du travail manuel, ramenés ainsi perpétuellement par les applications particulières de cette vie collective au spectacle d'une harmonie pleine de diversités et au sentiment des inégalités naturelles nécessaires au plein essor de la liberté, se dépouilleraient, comme à l'envi, de toutes les défiances, de tous les préjugés qui divisent; ils comprendraient ce que l'activité humaine a d'honorable dans toutes ses directions et concevraient, sans dédain comme sans jalousie, avec une sérénité égale, le bonheur sous ses plus humbles aspects, la fortune dans ses réalisations les plus brillantes.

Qu'on le sache bien, jamais ces grands aperçus moraux ne peuvent être donnés au sein de la famille, où l'esprit, même le plus libre en théorie, demeure toujours comme entravé par l'habitude dans l'estime qu'il fait des choses [cb].

La faculté généralisatrice, l'étendue, et conséquemment la parfaite justesse de l'esprit, la grandeur d'âme, la puissance du cœur, ne s'acquièrent point dans des sphères bornées. Ni la maison paternelle, ni même le collége actuel, sous sa règle aride et scolastique, n'offrent des points de vue suffisamment hauts pour qu'on y embrasse l'ensemble de la condition humaine : on y élève de bons fils, de sages époux, d'honnêtes négociants peut-être; ou bien encore des magistrats intègres, des avocats habiles, des courtisans flexibles; mais on n'y forme point de ces hommes complets à qui, pour parler avec le poëte, rien d'humain ne demeure étranger. On n'en voit point sortir de ces esprits sphériques, si je puis m'exprimer ainsi, dont l'axe est la vérité; qui, dans leur développement, aient touché aux deux pôles et embrassent, au moins à l'état rudimentaire, l'ensemble des connaissances humaines (cc).

Une autre lacune, et très-dommageable, se fait sentir dans nos éducations fragmentaires. Au sein d'un État libre ou qui veut le devenir, chez une nation qui se gouverne ou du moins qui aspire à se gouverner elle-même, il est de la plus grande importance d'initier de bonne heure le futur citoyen à la connaissance de ses droits et de ses devoirs civils. Il faut qu'il étudie la constitution de son pays et celle des autres États libres; qu'il pénètre le mécanisme du corps social et cette science de la politique qui ne doit être autre chose que la science de la liberté fondée sur la justice; qu'il s'exerce à l'art oratoire, à cet art si nécessaire à l'expression du *bon désir* de tous, qui a remplacé le *bon plaisir* des princes absolus. Dans le système actuel de l'enseignement, cette partie essentielle est entièrement omise.

Le complément rationnel d'une éducation telle que je l'indique ici, éducation qui donne pour base aux aptitudes spéciales des notions universelles, c'est le voyage. Il serait à souhaiter que la fin de l'enseignement national, la récompense des distinctions obtenues, fût une excursion d'une année environ, combinée et guidée par un des membres du corps enseignant dans des vues adaptées à la carrière future des jeunes gens qui en feraient partie. Ainsi je voudrais que les agriculteurs distingués fussent conduits dans les pays de culture perfectionnée, visitassent les principaux établissements agricoles d'Angleterre, d'Allemagne, de Belgique, par exemple ; je voudrais que nos futurs magistrats ou députés vissent de près les institutions des peuples voisins ; que ceux qu'on a vus exceller dans les arts ou dans les lettres pussent parcourir l'Italie, la Grèce, l'Espagne, etc.; que partout on leur fît connaître les hommes éminents dans ces sphères diverses. La rapidité, la multiplicité, le bon marché des voies de communication et l'étude universelle des langues vivantes rendront, d'ici à bien peu d'années, très-facilement réalisable ce qui aurait semblé chimérique il n'y a pas plus d'un quart de siècle (cd). Une année de temps et la dépense très-minime qu'entraîne un voyage d'étudiant suffiraient à chacun pour bien voir ce qui se rapporterait à sa destination particulière, pour enrichir son esprit, et par suite sa patrie, d'une foule de comparaisons fécondes et de notions utiles. Je ne veux pas m'étendre ici sur les autres résultats plus que probables de ces communications pacifiques, de ces rapports de peuple à peuple par l'intermédiaire de l'élite de sa jeunesse, de cet âge aimable, attrayant, d'accès facile et de promptes sympathies. J'entends déjà qu'on me demande ce que devient, dans ma pensée, la liberté d'enseignement. Cette liberté, aussi inviolable, selon moi, que la liberté de conscience, je lui voudrais son extension la plus complète, bien assurée qu'on n'en aurait rien à craindre dans un État qui saurait asseoir son propre système sur des fondements solides et entourer le corps enseignant de tout le respect, de tout l'honneur qui convient aux véritables *pères de la patrie*. Pour cela il faudrait qu'une part notable du revenu public, et proportionnée à l'importance d'un si grand devoir, y fût affectée (*ce*); il faudrait surtout attacher aux fonctions professorales des priviléges et des droits de telle nature que bientôt l'opinion s'accoutumât à les considérer comme les plus importantes dans l'État; qu'elles devinssent à tous les degrés l'ambition des hommes éminents, et qu'ainsi, par la seule autorité de ceux qui la dirigeraient, l'éducation nationale fût empreinte d'un caractère de moralité évidente. Nulle concurrence ne serait possible à la longue, une fois cette puissante impulsion donnée, et la liberté la plus étendue pourrait, sans aucun inconvénient, être laissée à des entreprises particulières dont les ressources seraient vite épuisées en présence de la perpétuité des ressources publiques.

Mais les devoirs de l'État ne finissent point avec l'éducation des colléges. Dans un certain sens, les nations, non plus que les individus, ne cessent jamais de s'élever. Sans parler de la presse périodique, où chacun aujourd'hui enseigne à sa guise, sous la seule garantie de moralité que présente un cautionnement (toujours, partout, le droit du plus riche!), les théâtres et les fêtes publiques exercent sur l'esprit national une influence d'autant plus grande que c'est, en quelque sorte, une influence de séduction. C'est un charme qui opère tout ensemble sur les sens et sur l'imagination, sur l'esprit et sur le cœur. Ce sont des lacs enchantés qui saisissent le peuple entier; homme et femme, enfant et vieillard, tous y accourent, nul ne s'en déprend. Assistez aux fêtes d'un pays, et vous y surprendrez son génie.

Cette épreuve, aujourd'hui, ne serait pas favorable à la France. Rien de plus trivial que nos divertissements publics, rien de plus froidement licencieux que nos théâtres, rien de plus offensant pour la majesté de la beauté que nos cérémonies officielles[1]. Les classes élevées de la société sont moins exposées que les autres aux influences de ce que j'oserai appeler la laideur publique. Les jouissances qui se puisent dans les lettres, dans les voyages, suppléent jusqu'à un certain point pour elles à cette absence d'esthétique dans la vie nationale; mais le peuple, qui naît et meurt presque à la même place, n'a guère le temps de lire; le peuple, à qui d'ailleurs nulle beauté abstraite n'est compréhensible et qui n'arrive à la pensée que par l'image, on le laisse, à cet égard, dans un dénûment dont il souffre; on le

---

[1] Ceci était écrit en 1846. Que dirait-on aujourd'hui, hélas?

trompe par de faux semblants d'art qui corrompent, comme à l'envi, et son goût et ses mœurs.

L'Église catholique, qu'un philosophe[1] appelait, par comparaison avec les autres Églises, *la belle religion*, montra dès sa formation un sens profond des instincts populaires; née dans les rangs du peuple, elle se souvint longtemps de son origine; aussi n'épargna-t-elle rien pour se parer de tous les prestiges. Empruntant au polythéisme les belles formes du culte extérieur, le temple catholique attira par la grâce sensible ceux que n'y conduisait point la grâce spirituelle. La vue, l'ouïe, l'odorat, les trois sens les plus intellectuels, furent séduits, captivés par une merveilleuse harmonie de formes, de couleurs, de parfums réputés sanctifiants et véritablement divins. Dans la diversité de ses pompes, la variété et l'éclat de ses ornements, le rhythme de ses

---

[1] Hegel.

processions, la concordance de ses symboles avec les métamorphoses des saisons, et jusque dans les naïves figures de ses mystères les plus métaphysiques, elle répondait à la mobilité de l'imagination, se mettait à la portée du pauvre d'esprit; le prenant à terre, pour ainsi parler, elle l'enlevait et le portait doucement dans les régions de l'idéale beauté, d'où elle le ramenait tout ému, tout rempli de consolation et d'espérances. Mais, soit sa faute, soit la nôtre, cette belle mission, elle ne la sait ou ne la peut plus remplir. Les cérémonies du culte, dans les campagnes surtout, où elles ont encore le caractère de fête publique (les paysans n'en connaissent guère d'autres), loin d'être pour les classes laborieuses une sorte d'initiation à la vie idéale, ne sont plus même en accord avec leur très-faible degré de culture. On est consterné en voyant de quels oripeaux se parent les ministres et les autels; quelles idoles grotesques sont offertes à l'adoration des fidèles sous les noms les plus augustes ; quels chants barbares, quelles prédications insipides, quel affreux concours de sons faux, de couleurs discordantes, de difformités de tous genres, composent ce qu'on appelle les pompes du culte. Le goût toujours, la décence souvent, y sont cruellement blessés ; et ce qu'on peut souhaiter à ceux qui y assistent, c'est que la plus complète indifférence et la distraction la plus constante continuent à préserver leurs yeux et leur raison de ces spectacles sauvages, injurieux aux personnes divines qu'ils prétendent honorer, dégradants pour l'espèce humaine, qui ne les devrait plus souffrir.

On le sent, il y a là un énorme vide à remplir dans la vie du peuple. C'est à l'État d'y pourvoir. Mais rien de plus difficile. Les Français, si lents à s'apercevoir de la déraison d'une chose établie, sont d'une impitoyable promptitude à saisir le ridicule des institutions nouvelles, et n'accueillent que d'un esprit de dénigrement les essais en tous genres. Il faudrait un de ces événements inespérés, une de ces commotions électriques, qui font tressaillir une nation entière, pour qu'on pût songer, en en perpétuant la commémoration, à changer le caractère de nos fêtes publiques. C'est moins le faste et l'éclat qui sont désirables en de telles fêtes que la convenance et la noblesse. Aussi, une fois le but et les circonstances déterminés par les chefs de l'État, en voudrais-je voir l'ordonnance confiée aux artistes ; à ces hommes d'imagination et de goût dont l'intelligence s'est habituée de bonne heure à chercher dans la beauté de la forme un langage idéal, et qui porteraient une attention sérieuse à revêtir ces manifestations de la sensibilité nationale d'un caractère imposant et pittoresque. Une partie essentielle des fêtes devrait être, à mon sens, les éloges et les récompenses décernés aux citoyens qui honorent le pays, soit par des productions remarquables, soit par des découvertes utiles, soit par des actes dignes d'être proposés en exemple. Un éloquent récit de ce que l'année aurait vu s'accomplir de signalé dans les diverses ramifications de la vie publique charmerait la multitude, dont les transports et les acclamations n'auraient rien de commun avec les froids et parcimonieux applaudissements de nos solennités académiques. Le peuple est semblable aux enfants ; rien ne l'intéresse davantage que de s'entendre raconter sa propre histoire ; et je ne sais pas de moralité mieux entendue que celle de le faire participer par des signes visibles de sympathie et d'enthousiasme au mérite des actions héroïques ou des belles œuvres qui se produisent isolément dans son sein. Il y a d'ailleurs une contagion heureuse des grandes actions. C'est au milieu de ces émouvantes et paisibles assemblées qu'il conviendrait de réserver au sexe faible une place courtoise. En la femme réside essentiellement le principe de la grâce, que l'homme, dans le rude essor de sa force, oublie trop. Qu'il lui apparaisse du moins aux jours de bonheur public. Que des ovations délicates rappellent aux femmes qu'elles aussi ont une patrie, qu'elles sont citoyennes (*cf*), coopératrices utiles et honorées dans la grande œuvre du salut national. Donnez ainsi un aliment à cet amour de la gloire, qui n'est pas l'attribut exclusif d'un seul sexe ; ouvrez des perspectives lumineuses à ces esprits noblement inquiets qui se consument dans l'obscurité domestique ; couronnez ces beaux fronts sérieux que la nature a visiblement prédestinés aux grandes pensées. La France, convertie par Clotilde, sauvée par Jeanne d'Arc, illustrée par Héloïse, Sévigné, la Fayette, Dacier, du Chastelet, Roland, de Staël, pour ne nommer que celles qui ne sont plus, n'a pas le droit humiliant d'oublier les femmes en ces jours d'actions de grâces où elle célèbre son propre génie ; et ce doit lui être imputé à blâme que la dernière et la plus intelligente peut-être parmi ces intelligences féminines ait pu dire, en exprimant le regret des temps antiques : « Aujourd'hui il se faut *glisser* dans la gloire [1] ! » Qu'il n'en soit plus ainsi désormais ; que la gloire, cette splendeur de l'estime publique, ne soit inaccessible ni fâcheuse à personne ; dispensez-la libéralement, ne vous la laissez pas dérober. Aussi nécessaire à certaines âmes que le soleil ardent à quelques plantes, elle est l'inépuisable trésor des peuples libres, l'asile et la joie des grands cœurs, le suprême sommet d'où le génie répand sur la multitude les flots vivifiants qui, selon la parole évangélique, rejaillissent jusqu'à la vie éternelle.

En insistant sur la nécessité d'une éducation supérieure, j'ai eu surtout en vue, je l'avoue, l'intérêt plus lésé jusqu'ici de la classe pauvre ; mais la classe riche trouverait des avantages bien

[1] Madame de Staël.

plus grands qu'elle ne l'imagine à ce rapprochement par l'ennoblissement des mœurs. Quelle différence dans l'agrément des rapports, quand les inférieurs auront la même politesse de manières que les supérieurs; quand le noble contentement d'un esprit développé dans sa sphère, appliqué à un travail productif, s'exprimera dans un langage plein de dignité; quand un sérieux échange d'idées pourra s'établir entre l'homme de théorie et l'homme pratique, entre le laboureur instruit dans sa profession et l'homme d'État rappelé par ses souvenirs d'enfance à l'amour de la vie rurale!

Il y a une profonde et funeste erreur dans l'égoïsme des privilégiés, qui les empêche d'apercevoir l'isolement où les placent cet abrutissement des classes pauvres et les jouissances supérieures auxquelles ils renoncent en se renfermant dans un mode d'existence qui rétrécit pour eux les horizons de la vie (*9*).

XXIII

DE L'ART

« La vertu, c'est la poésie en action. »
BALLANCHE.

L'industrie et l'art, à tous les degrés de leur développement, ont pour but l'ennoblissement de l'existence. Depuis les industries élémentaires qui, en façonnant la matière brute, ont donné à l'homme des modes de s'abriter, de se vêtir et de se nourrir variés et propres à son espèce, jusqu'au plus complet, au plus élevé d'entre les arts, l'art poétique qui exprime, dans leurs nuances les plus délicates, les passions du cœur et les agitations de l'esprit, une sorte de création humaine s'opère, successive et coordonnée, qui, pareillement à la création divine, se dégage progressivement de la nécessité, et arrive de proche en proche, par la perfection de la forme, au mouvement de la pensée, c'est-à-dire à la liberté.

Quand, à la voix d'Erwyn de Steinbach, l'informe bloc de pierre se taille, se range, se combine, monte en piliers, se courbe en arceaux, s'arrondit, s'enroule en spirales, se découpe en feuilles et en fleurs; quand le ciseau de Phidias, guidé par le génie évocateur, sculpte dans le muet ivoire le front radieux et la lèvre éloquente de la Sagesse grecque; quand Michel-Ange, dans un tressaillement sacré, saisit son pinceau et fait apparaître sur un pan de mur froid et nu la figure dominatrice du Verbe éternel, devant laquelle s'inclinent en adoration les populations subjuguées ; quand Mozart, par le rhythme imprévu de quelques sons solennels, jette dans tous les cœurs les effrois du coupable à l'approche de la justice vengeresse; quand Shakespeare, enfin, fait couler nos larmes sur les douleurs fictives d'Ophélie et de Desdémone, qui ne vécurent jamais; certes, on peut bien dire sans hyperbole que ces hommes investis d'une puissance suprême *ont créé*, en tirant du morne chaos, des formes libres, conçues dans leur pensée.

C'est un point de vue bien étroit que celui où l'on se place, lorsqu'on demande si l'art agit favorablement ou défavorablement sur la moralité d'un peuple, et s'il doit être encouragé ou rejeté par un gouvernement sage. Autant vaudrait mettre en doute s'il est avantageux et séant à l'homme d'user de toutes ses facultés, ou s'il ne lui vaudrait pas mieux borner, amoindrir, comprimer son être pour demeurer ainsi plus voisin de la condition des brutes.

On a dit : en donnant aux sens et même à l'esprit des jouissances délicates, vous amollissez les caractères et vous rendez trop pénible à l'homme le sacrifice d'une vie que vous parez ainsi de charmes trop captivants; vous énervez les essors héroïques des vertus austères, et vous enlacez de mille liens de fleurs la pensée humaine, déjà trop attachée aux régions terrestres. Ne le nions pas, il y a dans l'homme inculte une indifférence pour la vie, une énergie stupide et sauvage, qui produit des actes d'une surprenante audace. Cette sorte d'énergie, il est vrai, ne se rencontre plus au même degré chez les peuples dont l'art a développé la sensibilité; mais c'est qu'alors elle a cessé d'y être nécessaire, et qu'une lutte de moins en moins âpre entre des éléments moins hostiles au sein des États policés n'offre plus de champ à ces forces exaspérées, n'exige plus ces sacrifices d'une vertu barbare dont les autels et les rites sanglants des dieux primitifs étaient le signe funèbre à jamais disparu.

Si l'art a ses erreurs et ses défaillances (nulle chose humaine ne s'en voit exempte), il n'en est pas moins d'origine sacrée. Tous les mythes, toutes les histoires, nous le montrent inspiré par ce qu'il y a de plus doux à la fois et de plus sublime dans l'âme. Tantôt il rend la Divinité présente au milieu des mortels en lui édifiant des enceintes et en lui donnant des formes visibles; tantôt il apaise le rugissement des instincts féroces et réunit à sa voix magique les hommes dispersés; tantôt il honore la sépulture des héros ou fixe en traits durables l'image des êtres aimés; toujours, partout, il excite chez l'homme, par la vue de la beauté, des enthousiasmes sympathiques, qui, momentanément du moins, le rendent meilleur. Il y a une morale rigoureuse comme la logique, une perception abstraite de la vérité qui suffit à certaines âmes pour les porter invinciblement au bien; mais la multitude n'est point accessible à ces convictions sévères. La raison pure ne conduit que le petit nombre. Les sens et l'imagination entraînent la vie de la plupart des hommes; ils agissent bien ou mal, non pas suivant qu'ils pensent, mais suivant qu'ils sont émus.

La religion austère entre toutes, le christianisme, qui s'efforce de substituer à l'amour de l'existence présente le désir ardent d'une existence à venir, a senti la nécessité de prêter à cette vie immatérielle les apparences et les attraits de la vie physique. L'Église catholique a placé sur ses autels les effigies du Dieu fait homme et de la Vierge mère, de cette Marie pleine de grâces, qu'elle a douée d'une immortelle jeunesse et qu'elle nous montre belle dans les larmes d'une beauté qui ne le cède point à celle de la Vénus antique; la voix de l'orgue, écho de la voix des anges, a retenti dans les profondeurs des cathédrales qu'ornaient les pierreries les plus rares et les plus précieux métaux. Le catholicisme a été jusqu'à supposer que la sainteté avait son *odeur*, et que ces parfums, ces sons, ces couleurs et ces formes, toutes ces délectations de nos sens, étaient agréables à un pur esprit ; tant les conceptions les plus hardies de la pensée dépendent encore des conditions organiques de la nature humaine. Et ceci marque mieux que tout la prédestination divine et le caractère sacré de l'art. L'influence que sa grandeur ou sa décadence exerce sur le génie d'un peuple est inappréciable. Combien il serait coupable, l'État qui laisserait se tarir ou se corrompre dans son sein cette source pure des émotions nobles! C'est pour lui un impérieux devoir de veiller à ce que j'appellerai, avec les Allemands, la culture esthétique du peuple, culture d'où dépend, en majeure partie, sa culture éthique ou morale.

Dans le moment actuel de notre civilisation, et probablement à toutes les époques, de tous les arts c'est l'art dramatique qui exerce l'action la plus prompte sur les masses. Les diverses classes de la société se portent au théâtre avec une ardeur de curiosité toujours renouvelée. Le riche y cherche la chose la plus difficile à trouver pour lui : un passe-temps et le plaisir qui chatouille sa vanité de s'ériger directement en juge des talents supérieurs. Le pauvre va instinctivement demander au poëte dramatique de l'enlever pour quelques heures, par le spectacle de douleurs revêtues d'un certain prestige, aux peines de son labeur quotidien, ou de lui faire voir, en des contrastes bien accusés, le côté plaisant de ses mœurs grossières. Tous devraient sortir du théâtre avec une émotion bienfaisante; tous devraient avoir été ravis en esprit dans un monde semblable à celui où ils vivent, à la vérité, mais supérieur, dans cette sphère idéale où le destin est soumis à la beauté, où les grâces morales délient d'une main légère le rude nœud des vicissitudes du sort.

« Si jamais nous avons un théâtre national, dit Schiller, alors nous deviendrons une nation[1]. » C'est une puissance irrésistible, en effet, qui s'exerce ainsi par voie de séduction. L'homme mûr, comme l'enfant, se tient en garde contre l'enseignement direct; il dispute avec la morale, mais on ne le voit point chicaner avec le plaisir.

Le poëte s'empare de la volonté et dispose des âmes s'il sait mouiller les yeux de larmes ou faire naître sur les lèvres un rire sincère; c'est à lui de tirer de toutes ces cordes, frémissantes sous sa main, une belle harmonie. Ce serait à l'État libre à diriger vers un but élevé ce

---

[1] « Wenn wir es erlebten eine Nationalbühne zu haben, so würden wir auch eine Nation. »
SCHILLER.

magnétique enseignement du théâtre qui, selon qu'il est ou non conforme au génie qui préside à l'éducation de la jeunesse, achève de la perfectionner ou la détruit de fond en comble. Je comprendrais donc dans le devoir de l'instruction publique un théâtre national largement rétribué, sous la surveillance des chefs du corps enseignant, et dont le répertoire présenterait, à côté des œuvres les plus exquises, des œuvres accessibles aux simples. J'y voudrais fréquemment des représentations gratuites, ou du moins à un prix si modéré[1], que le peuple leur donnât la préférence sur les théâtres dirigés sans protection et sans ensemble par des spéculations particulières. Je l'ai dit plus haut, aucune dépense ne doit sembler trop onéreuse qui a pour fin l'ennoblissement des mœurs populaires et la cul-

---

[1] Napoléon aurait désiré, disait-il au conseil d'État, que le dimanche les places du Théâtre-Français fussent réduites à quinze sous, *afin que le peuple pût en jouir.*

ture de l'esprit public. On peut être certain, d'ailleurs, que ce qui sera donné à l'enseignement sera retiré à la pénalité, et que les frais d'écoles et de théâtres seront promptement retrouvés sur les dépenses amoindries des prisons, du bagne et de l'échafaud.

Immédiatement après l'art dramatique, auquel il se joint souvent avec succès, l'art musical est celui qui agit le plus dans le sens moralisateur. La musique est aussi le seul art dont les esprits complétement incultes goûtent néanmoins le charme, et que le plus pauvre même puisse dans une certaine mesure exercer. Le laboureur à sa charrue chante pour ranimer l'ardeur de ses bœufs et son propre courage en faisant diversion à la monotonie du sillon. L'artisan chante à son métier, dont le mouvement uniforme prend soudain un rhythme allègre et qui hâte la tâche; le marinier chante à sa rame, et il semble à son amour-propre satisfait que le flot, la rive et le ciel même au-dessus de sa tête écoutent avec complaisance la sonorité de sa voix; et si, aux jours de repos, il arrive, comme dans les pays où le sentiment musical est universel, qu'on se rassemble à l'église ou au foyer pour chanter en chœur des hymnes populaires, c'est alors que la magie des sons opère ses plus désirables prodiges; elle unit dans une même jouissance, dans un même attendrissement pieux ou dans une même gaieté franche et cordiale, des hommes que le travail sépare, que les rivalités divisent, que le besoin force à l'égoïsme en leur ôtant le loisir d'aimer.

En Allemagne, où tout le monde naît musicien, les mœurs du peuple sont singulièrement adoucies par l'habitude de ces réunions musicales. De louables efforts tendent, depuis quelques années, à vaincre l'organisation défectueuse, à cet égard, de la population française. De remarquables résultats déjà sont obtenus;

toutefois, ils ne s'étendent guère au delà de Paris et de quelques grandes villes. Il ne faudrait pas que la société perdit de vue que c'est un des modes de civilisation les plus certains et les plus faciles, et que, faute de l'initier à un art plus élevé, elle laissât le peuple se souiller l'imagination par des chansons obscènes ou des chroniques rimées dans lesquelles le vice et le crime sont racontés avec un cynisme grotesque et corrupteur.

Les arts plastiques, je m'efforce en vain de me dérober à cette évidence, sont aujourd'hui dans une des phases les moins heureuses de leur évolution. La société est entrée dans une de ces époques de transformation dont le travail se révèle par une discordance momentanée, qui produit une laideur apparente antipathique aux arts du dessin. J'ai souvent observé ce moment dans les métamorphoses de la végétation : la fleur est flétrie, et cache sous ses pétales desséchés le fruit non développé. Rien de moins agréable à l'œil que cette forme caduque encore attachée à une forme embryonnaire. Ainsi l'esprit humain semble avoir achevé sa floraison poétique. L'architecture ne sait plus à quel grand recueillement elle consacrerait des enceintes. L'esprit religieux s'est retiré des temples ; on n'en sait plus bâtir qui ne soient de froides redites ou de serviles copies. Les souverains et les grands du siècle ne sont plus assez *divins*, aux yeux des artistes, pour leur inspirer ces conceptions gigantesques qui faisaient surgir de terre l'Escurial, Versailles, Chambord, etc. La statuaire et la peinture ne rencontrent plus de modèles caractéristiques dans une race de transition qui n'a plus les croyances du passé et n'a point encore les vertus de l'avenir. La vacillité des sentiments et des pensées, la complication des désirs et des besoins dans un ordre social intermédiaire, tout à la fois vieux et jeune, tel que le nôtre, se décèle sur des visages sans sérénité, en des traits sans précision, en des habitudes de corps sans énergie. Le délicat orgueil de l'honneur aristocratique, la fière pudeur de l'amour chevaleresque, se sont effacés ; le courage civil n'a point encore marqué de son empreinte la classe bourgeoise, à peine initiée à l'estime d'elle-même. Le peuple est abruti par l'excès du travail et l'ivresse ; l'art éperdu cherche en vain des types simples et grands, il ne rencontre que l'expression de petites cupidités, de préoccupations mesquines, de joies vulgaires. Les dieux s'en sont allés et les hommes ne sont point venus.

Il m'en coûte de prononcer cette parole de découragement, mais je ne vois point autour de moi les éléments inspirateurs de l'art plastique, et j'incline à penser que le temps actuel n'est pas appelé à trouver son expression ailleurs que dans la musique, interprète flexible et mouvant des vagues aspirations de l'âme, et dans l'art oratoire qui lui est semblable en plus d'un point et me paraît appelé, de nos jours, à une puissante action sur la destinée des peuples. En conséquence, ce sont les deux arts que je voudrais voir cultiver et encourager au-dessus de tous les autres, dans le plan d'éducation nationale que j'ai esquissé plus haut. Supérieure à l'éloquence de la chaire, qui n'admet pas la discussion et demeure ainsi presque toujours inhabile à convaincre, supérieure à l'éloquence du barreau, parce qu'elle ne défend pas seulement des intérêts particuliers, mais les droits sacrés de l'humanité tout entière, inconnue aux peuples asservis qui restent muets, l'éloquence de la tribune et des rostres est excellemment l'organe de la liberté. C'est à l'orateur qu'est confié aujourd'hui le feu sacré, la flamme des grands enthousiasmes, le magnétisme qui unit les cœurs et les volontés. C'est à l'orateur et au musicien qu'il appartient de révéler la beauté de la liberté à notre imagination, comme l'ont révélée à notre entendement les clartés de la philosophie. L'art dramatique, selon toutes les vraisemblances, ne viendra que plus tard ; il marquera l'ère d'une *renaissance* complète. Les éléments de la comédie sont donnés déjà par les ridicules nouveaux d'une société nouvelle. La comédie d'Aristophane, avec les modifications exigées par le génie du temps et de la nation, est comme préparée, élaborée dans les esprits, par les caricatures et les satires des petits journaux. Le jour où, en France, par exemple, la liberté du théâtre se mettra d'accord avec la liberté de la presse, le poëte comique ne tardera pas à se montrer ; sa tâche sera plus d'à moitié faite. Quant à la tragédie, ou plutôt au drame, il se débat en vain, comme les arts plastiques, contre des obstacles inhérents à notre état social. Le poëte dramatique n'écrit plus aujourd'hui pour une classe privilégiée, mais pour tout un peuple; et ce peuple (je parle toujours de la France, les autres nations ayant encore bien des progrès à faire avant de pouvoir songer à la liberté dans l'art), d'instincts spirituels et railleurs, peut bien saisir les beautés d'une œuvre satirique; mais le sentiment de la grandeur tragique, ce quelque chose de sacré qui émeut les âmes chez une nation que domine la conscience religieuse de ses destinées, lui manque encore à tel point qu'on ne sait où un nouveau Sophocle puiserait son inspiration et trouverait des sympathies. Il est donc à croire qu'une complète renaissance de l'art, à laquelle, pour ma part, je crois fermement, ne peut être, au point où nous en sommes, que la conséquence d'une renaissance politique ou plutôt sociale, encore à l'état de fermentation ; mais les efforts de la société n'en doivent pas moins dès aujourd'hui, en considérant l'art comme une partie essentielle de l'instruction publique, lui rayer des voies de plus en plus libres pour le rendre, ainsi que l'éducation, de plus en plus accessible à tous.

LIVRE VI

XXIV

DE LA LIBERTÉ EN FRANCE — DU PAIN QUOTIDIEN

> « Tandis qu'une grande partie de la nation languit dans la pauvreté, l'opprobre et le travail, l'autre, qui abonde en honneurs, en commodités, en plaisirs, ne se lasse pas d'admirer le pouvoir de la politique qui fait fleurir les arts et le commerce, et rend les États redoutables. »
>
> VAUVENARGUES.

A deux époques à jamais dignes de mémoire, en 89 et en 1830, la France exaltée, on peut véritablement dire inspirée, s'est insurgée contre le droit ancien et a fait triompher la liberté.

Depuis lors l'Europe entière, l'Angleterre exceptée, qui accomplit par d'autres organes des métamorphoses sociales soumises à d'autres lois et nous considère un peu comme des parvenus dans la science politique, gouvernements et peuples ont les yeux sur nous, épiant avec inquiétude ou espoir le moindre mouvement de cette monarchie quasi-démocratique [1] qui demeure encore dans l'esprit de tous, malgré les faiblesses et les inconséquences qu'on lui reproche, la personnification active, intelligente et forte de la liberté moderne.

Il pourra donc sembler étrange et malsonnant de dire que l'esprit français, dans ce qu'il a de caractéristique, n'est point, à proprement parler, un esprit de liberté. Mobile à l'excès, doué d'une faculté critique incomparable, ardent et téméraire pour peu qu'on l'excite, le Français n'a point

---

[1] Écrit en 1846.

d'égal dans l'art de fronder, de harceler, de renverser le pouvoir. Mais s'agit-il d'assurer, dans des institutions durables, l'indépendance conquise, cette mobilité d'enfant, cette ardeur aussi promptement éteinte qu'elle est vite allumée, cet esprit de critique qui dégénère en raillerie, et surtout une vanité outrecuidante passée dans ses veines avec le sang gaulois, forment autant d'obstacles à l'union et à la persistance des volontés nécessaires au maintien des libertés civiles. Rien ne séduit moins ces effervescences un peu fanfaronnes que le modeste concours qu'exige de chaque citoyen la conservation d'un gouvernement libre; rien de plus onéreux pour ce peuple léger, distrait, frivole, que la pratique assidue et sévère de ces droits dont la théorie, prêchée par des bouches éloquentes, le jette en de fiévreuses extases. Chez une nation aussi amoureuse de renommée, la seule conscience n'a point de leviers assez forts pour soulever les égoïsmes personnels; il y faut le sentiment de l'honneur, qui ne saurait être intéressé dans l'accomplissement obscur d'une tâche commune à tous, dont les résultats sont grands, à la vérité, mais lointains, indirects et d'appréciation difficile. De là une sorte d'indifférence, d'affaissement, succédant à des efforts vigoureux, mais éphémères; de là un relâchement de tous les ressorts de la vie publique tel que l'illégalité s'y glisse sans bruit et sans contrôle, et qu'en ayant soin de conserver quelques dehors l'arbitraire s'établit et s'exerce aisément au sein de cette nation devenue insensible, dont les cris d'indépendance tout à l'heure encore ébranlaient le monde.

Notre liberté constitutionnelle est, comparativement au reste de l'Europe, très-apparente; mais examinons-la en soi, nous lui trouverons plus d'éclat que de solidité, plus de surface que de profondeur; elle ne descend pas au delà d'une première et très-mince couche de la société, au-dessous de laquelle s'étend une zone profonde d'ignorance et de misère, dont aucun de ses rayons n'a traversé encore la densité. Chose inexplicable! Un des peuples les plus spirituels du monde est aussi celui chez lequel l'instruction est le moins répandue. Une nation favorisée entre toutes, pour qui nulle branche des connaissances humaines n'a manqué de verdir, qui semble avoir reçu du Nord et du Midi, pour les assimiler à son génie propre, les éléments les plus divers de la vie intellectuelle : des Grecs, l'invention et le goût; des Latins, la clarté, la force et la justesse; des Anglais, la profondeur, et des Germains, l'étendue; la patrie de Descartes, de Montesquieu, de Fénelon, de Rousseau, de Mirabeau, de Benjamin Constant, la France abandonne à une inanité mentale, dont rien ne peut donner l'idée, les quatre cinquièmes de sa population, et n'a jugé nécessaire au maintien de ses libertés que la capacité de la bourse, qu'elle préfère, comme garantie de l'aptitude aux fonctions politiques, à la capacité de l'intelligence.

Je n'ignore pas que, depuis dix ans surtout, on a beaucoup songé à l'instruction des classes pauvres. Les écoles primaires se sont multipliées; il n'est plus guère de village qui n'ait la sienne. « Si la génération nouvelle n'apprend point à lire, ce sera sa faute, disent nos gouvernants, et non la nôtre. » Chez qui a vu de près ces écoles et leur discipline, une pareille assertion provoque un démenti formel. L'éducation de l'habitant de nos campagnes est confiée à deux autorités hostiles l'une à l'autre, dont aucune n'a le sentiment juste de sa mission; le prêtre et le maître d'école sont chargés, pendant le très-court espace qui s'écoule entre la toute première enfance et une jeunesse que hâte l'urgence des travaux, de donner au paysan la connaissance nécessaire à toute sa vie, le pain de l'âme, le viatique fortifiant qui devra suffire au rude trajet de la naissance à la mort. Issu du peuple, initié à sa nature, confident de ses besoins, chargé avant tout de sa culture morale, de son salut dès ce monde, le curé de village laisse, soit à dessein, soit inconsidérément, ce qui reste de foi dans les cœurs dégénérer en de triviales superstitions, dont l'effet le plus déplorable est de fausser la conscience, en plaçant en dehors du cercle de l'activité journalière la vie religieuse, réduite à de vaines formules. La récitation d'un symbole inintelligible, l'assistance à des cérémonies dont l'esprit échappe à ses perceptions obtuses, l'observance d'un jeûne surajouté à son jeûne perpétuel, ou l'interdiction de quelque divertissement, voilà ce que les guides et les consolateurs spirituels du peuple lui présentent comme moyen efficace de réparer ses fautes, ou plutôt de se racheter des tourments de l'enfer, cette éternité de maux sans cesse offerte en perspective à son courage, déjà surchargé des maux de la vie terrestre. On ne peut guère se représenter, si on ne l'a entendu, jusqu'à quel point l'enseignement du catéchisme dans nos campagnes est stupidement scolastique, et quels stériles efforts de mémoire il exige de ces *pauvres d'esprit* que le Christ attirait à lui par un langage simple et doux, par cette rustique sagesse qui tirait ses paraboles de la fleur des champs, de l'eau des fontaines, du passereau des toits, du figuier du chemin, de tous les objets familiers à l'œil du laboureur, qu'il idéalisait en y attachant comme à leurs signes sensibles la notion des vertus spirituelles. J'ai dit plus haut combien les prédications des curés de village sont peu adaptées aux intelligences à qui elles s'adressent, et quel effet contraire à celui qu'on en devrait attendre les cérémonies du culte telles que nous les voyons aujourd'hui produisent sur les masses. Tout cela n'est plus que la lettre morte du christianisme.

L'esprit est sorti du temple, mais il n'est point entré dans l'école. Infiniment moins rétribué que le curé, qui déjà ne le serait pas assez, si véritablement on attendait de lui cette puissante impulsion morale dont le besoin devient chaque jour plus sensible, le magister de village est un pauvre hère toujours aux expédients, qui, engagé lui-même dans des conditions d'existence infimes dont il devrait relever le paysan, n'inspire à celui-ci aucun respect; il n'est bon à autre chose qu'à infliger à l'enfance, sous forme de peine, par voie de châtiment, la triste science qu'il a introduite, tant bien que mal, dans son propre cerveau. De notions utiles pas traces; pas un aperçu d'agriculture rationnelle à l'homme qui va passer ses jours à la charrue; pas une connaissance applicable à celui qui va demander sa vie aux combinaisons de l'industrie et du commerce. Nulle idée d'aucun art qui puisse former un délassement moral dans une carrière monotone, où vont alterner les rudes travaux et les plaisirs grossiers; ni récits historiques, ni chants, ni la plus lointaine allusion à ces beautés de la nature et de la vie rustique au sein desquelles l'homme des campagnes naît et meurt aveugle. Encore moins songe-t-on à lui faire comprendre les simples institutions de la commune, et à nourrir ainsi dans son cœur quelque amour pour cette patrie en petit, la seule dont il puisse se former une idée. A coup sûr, ce n'est pas là ce que réclame l'état présent de notre civilisation; ce n'est pas l'éducation qui sied à un peuple que l'essence même de ses lois appelle à l'exercice de droits civils. Aujourd'hui que les méthodes d'enseignement perfectionnées pourraient abréger de plus de moitié le temps consacré aux études élémentaires, aujourd'hui que les publications à bon marché rendent accessibles au pauvre des connaissances utiles et variées, il en coûterait bien peu assurément pour améliorer notre système d'instruction publique. On sait sur quelle base je le voudrais voir renouvelé. Il serait à souhaiter que le prêtre coopérât pour sa part à cette œuvre de transformation; mais, dans un État libre et où la liberté des croyances doit être le principe le plus strictement observé, le gouvernement ne saurait intervenir dans l'enseignement religieux; il ne peut qu'inviter les prêtres des différents cultes, par son propre exemple, à conformer leurs instructions aux besoins d'une époque différente à beaucoup d'égards de l'époque qui a précédé, et rappeler les pasteurs chrétiens à l'exemple divin de leur Maître, qui, s'éloignant des docteurs et des pharisiens, ne s'entoura que des hommes simples, et disait à ses apôtres dans sa mansuétude : « Laissez venir à moi les enfants. »

On comprend assez ce que peut produire le régime municipal lorsqu'il repose sur une ignorance publique aussi complète, et quelles améliorations apportent à l'existence commune les délibérations d'hommes dont les plus capables ne se sont pas élevés au delà de l'observation de quelques faits isolés ; qui ne savent les principes ni le lien d'aucun des phénomènes de leur vie matérielle et morale, et n'apportent aux affaires de leur ressort qu'un instinct d'égoïsme personnel trop borné pour discerner, même dans cette étroite sphère, ce qui lui est utile ou dommageable.

C'est une amère dérision que la liberté de l'ignorance. Quand j'observe le maniement de nos affaires communales et départementales, il me semble voir des voyageurs, assemblés en pleine nuit dans un pays inconnu, se consulter sur la direction à prendre, la route à suivre, sur les dangers qui menacent, les gîtes préférables, etc. Je tiens donc la réforme de l'instruction publique pour le premier devoir du gouvernement. Mais, pour la mener à bien, il ne lui faudrait pas seulement suivre les conseils des philosophes et des universitaires, habitués à voir le peuple de loin, à travers les systèmes, les préventions, les dédains des *ultimités* scolastiques. Il lui faudrait recueillir aussi pour s'en édifier les simples discours des hommes de cœur qui connaissent le peuple, sa vie, ses mœurs, ses besoins, ses aptitudes; qui l'aiment dans sa rudesse, le plaignent dans ses erreurs, l'entourent de leur sollicitude dans les prisons, dans les bagnes et jusque sur l'échafaud, sachant bien, eux, ce que les érudits semblent ignorer, qu'avant de condamner un homme il serait équitable de se demander dans quel état la tentation l'a surpris, quels moyens de s'y soustraire ou de lutter contre elle lui avait donnés la société qui se dit, se croit et devrait être une mère prévoyante. Et ceci me conduit à la nécessité urgente d'une autre réforme, qui devra se combiner avec la réforme de l'enseignement dont elle est inséparable. Le *pain quotidien*, ce pain de l'âme et du corps tout ensemble, que le Christ nous enseigne à demander au Père céleste, le peuple le demande, sans l'obtenir, aux pères de la patrie; il le faut assurer désormais à son travail. N'exigeons pas d'un gouvernement qu'il opère des miracles, ni qu'il tranche en un jour un problème aussi compliqué, lié intimement à des principes non encore acceptés par la conscience publique; mais demandons-lui de marquer une tendance sincère vers sa solution dans le sens le plus humain, et pour cela d'encourager de tout son pouvoir, au lieu de les flétrir par le ridicule, les méditations de ces penseurs hardis, qui ne craignent pas de fixer leurs regards sur un ordre social nouveau, et d'en chercher avec persévérance les principes et les règles. Que de fois ne l'a-t-on pas rappelé! ce n'est pas en suivant les routes battues que Galilée découvrit le système du monde; ce n'est pas en naviguant le long des côtes que Colomb trouva la route des Indes. Ce ne sera pas en perfectionnant l'aumône, en fondant des hôpitaux, en augmentant en nombre des écoles défectueuses, que l'on parviendra à soulever la misère et l'ignorance publiques, qu'on saisira le mot de la consternante énigme qui, sous différents noms et sous différents aspects, sollicite aujourd'hui la pensée des hommes.

Tant que ses orateurs ne s'exerceront qu'à la mesquine tactique des intrigues parlementaires et aux luttes dérisoires de ce mât de cocagne ministériel, qui fait du pouvoir un point glissant aussi vite perdu qu'atteint; tant que des changements de noms, multipliés et insignifiants, la distrairont de la politique sérieuse, la nation française ne verra point s'accomplir les grandes réformes sociales qui satisferont au sentiment de la justice, sans laquelle la liberté, et nous en avons sous les yeux la preuve, n'est qu'un déplorable leurre, un jeu dérisoire d'apparences perfides, une misère qui se connaît. Le *pain quotidien*, c'est la grande tâche du dix-neuvième siècle. Si une religion divine a pu seule *consoler* la pauvreté physique et intellectuelle, c'est à la liberté humaine qu'il appartient de la *secourir*.

XXV

DES DIFFÉRENTES CLASSES DE LA SOCIÉTÉ FRANÇAISE ET DE L'ESPRIT QUI LES ANIME

> « Bon Dieu ! que nous sommes faibles pour la liberté, et que peu de gens me paraissent sentir son prix ! »
> Mme ROLAND.

On parle beaucoup en France d'aristocratie et de démocratie. A tout propos, dans le discours, on oppose la noblesse à la bourgeoisie, la bourgeoisie au peuple, sans apercevoir que ces termes n'ont plus chez nous aucun sens. Pourrait-on expliquer, en effet, ce qu'on entend par noblesse dans un pays où la naissance la plus illustre ne donne plus aucun privilége, où nulle fonction, nul honneur n'est héréditaire, où chacun enfin est libre de prendre à sa guise, pour en orner son nom ou son carrosse (et c'est là une liberté qui semble chère par-dessus toute autre à nos démocrates modernes), tel titre et telles armoiries qu'il lui plaira choisir. L'invasion des comtes et des barons de 1830 a enlevé le dernier prestige qui restait à l'aristocratie déchue, et, par une sorte de justice historique dont on trouve de fréquents exemples, on a vu la frivolité passionnée du bourgeois se venger, en les dépassant, des frivolités dédaigneuses de l'ancien noble, un grand ridicule en remplacer un petit, la vanité du petit nombre entraînée et comme submergée dans la vanité débordée de tous.

Entre la bourgeoisie et le peuple la ligne de démarcation serait encore plus difficile à tracer exactement. Le bourgeois, c'est l'homme qui, grâce à son industrie ou à d'heureuses chances de fortune, monte aujourd'hui dans le carrosse qu'il fabriquait hier; celui qui, vieux, habille sa femme du velours et de la soie que, jeune, il aunait au comptoir pour la femme d'autrui.

Rien d'arbitraire et de vague comme ces appellations. Je ne saurais voir en France que deux classes distinctes : les riches et les pauvres; ceux qui font la loi et ceux qui la subissent; ceux qui possèdent, et en vertu de cette possession occupent les fonctions publiques, jouissent de toutes les libertés attachées à la richesse; ceux qui ne possèdent rien, ne connaissent aucune liberté, pas même la liberté du travail, puisque notre ordre social n'a pas su garantir encore à chacun l'exercice de ses forces et de ses facultés (ch).

Numériquement cette dernière classe l'emporte de beaucoup sur l'autre, mais son ignorance annule cet avantage. N'ayant pas conscience d'elle-même, on peut dire qu'elle existe, non qu'elle vit; elle ne fait pas *nombre*, elle fait *masse*; il faut des convulsions volcaniques pour la mouvoir. Elle naît, se fatigue, se propage et meurt comme la brute; elle ne pense pas, n'aime pas, ne connaît ni la joie ni même, à bien dire, la douleur; car ce qui serait intolérable à notre sensibilité raffinée n'est, pour ces êtres *sous-humains*, que le machinal et indifférent accomplissement d'une nécessité immuable sur laquelle ils n'ont pas le temps, moins encore la faculté, de réfléchir.

Mais, en reprenant pour un moment les termes usités de noblesse, de bourgeoisie et de peuple, en leur laissant la signification qu'y attache le vulgaire, voyons quel esprit anime en France ces diverses hiérarchies sociales par rapport à nos institutions libres.

L'ancienne noblesse, unie au clergé qui, par un calcul funeste à ses véritables intérêts, a fait toujours depuis des siècles cause commune avec elle, ne dissimule que depuis peu d'années son aversion, son mépris pour la liberté. Bien qu'en haine du gouvernement actuel un petit parti dans son sein ait levé un étendard qu'il voudrait rendre populaire, où l'on voit, étrangement entrelacés, les fleurs de lis de l'antique monarchie et le bonnet phrygien de la république, nul ne s'y trompe et jamais le bon sens français n'ira chercher un dévouement sincère aux institutions nouvelles dans le cœur d'un Vendéen ou sous la soutane d'un prêtre. Il ne comprend que ces légitimistes obstinés qui, fidèles à des maximes respectables dans leur aveuglement, s'abstiennent de tout acte politique et opposent au *fait accompli* l'inerte résistance d'un préjugé opiniâtre. Mais la digue que le parti d'Henri V élève contre le cours des choses est mal cimentée; tout à l'heure on la verra fléchir. La jeune génération s'indigne de son inaction en voyant que le pays prospère sans elle; elle se laisse gagner par des flatteries de cour, de tout temps irrésistibles pour la noblesse française; les volontés se lassent, les espérances s'éteignent. Les prêtres, eux aussi, se voient avec une surprise reconnaissante environnés d'égards par les nouveaux chefs politiques, qui croient avoir besoin de leur appui. On commence à soupçonner qu'il y aurait à faire son profit du principe d'autorité et de *conservation* hautement professé par nos ministres. La division se glisse dans les rangs; on délibère, on hésite, on faiblit, on n'y tient plus; l'esprit de bienséance est désormais seul à lutter contre des considérations bien autrement puissantes.

Quant à la bourgeoisie, c'est tout l'opposé. Elle se repose au but atteint, se prélasse dans ses honneurs, s'admire dans ses œuvres, se complaît dans ses mérites si bien couronnés. Pouvoir, dignités, fortune, jouissances d'ambition, de vanité, de sensualité, tout ce qu'elle a souhaité, convoité, voulu, elle a tout conquis, et nul n'a le droit d'y trouver à redire, car elle a vaillamment combattu d'esprit et de corps. Elle s'est signalée dans la science, dans les lettres, dans l'industrie, dans l'armée; elle a eu ses héros et ses martyrs. Tour à tour prudente et résolue, habile et impétueuse, enthousiaste et disciplinée, elle a montré une rare modération dans l'usage de sa force et jusque dans les étonnements de son triomphe.

Mais ce profond sentiment de justice qui l'a poussée à la conquête de la liberté semble aujourd'hui s'alanguir; la prospérité l'aveugle à son tour. Elle ne sait déjà plus aimer la liberté en soi, mais seulement pour les avantages qu'elle en retire; nous la voyons à la veille d'oublier les principes auxquels elle doit son existence politique et le peuple dont elle sort, pour se perdre dans l'imprudente imitation de la noblesse qu'elle a dépossédée. Cette imitation sans grâce de mœurs sans vertu avant peu lui sera funeste.

Ces somptuosités insolentes qu'aucune tradition ne protége ni ne poétise, cette morgue inquiète qui craint de se commettre en se laissant approcher parce qu'elle sait ne pas supporter l'examen, ce faste gauche et mal appris qui recouvre à peine des habitudes vulgaires, ces attitudes, ces gestes, ces accents d'emprunt, sans rien d'aimable ni de sympathique, n'imposent point au peuple et provoquent des ressentiments mêlés de mépris qui, s'ils éclatent jamais, se montreront impitoyables. La bourgeoisie, si sage en apparence, essaye aujourd'hui une œuvre insensée : c'est d'arrêter à elle le mouvement de la liberté. Elle a eu l'intelligence de l'égoïsme; l'intellection de l'amour lui manque.

Je ne voudrais rien exagérer, je ne voudrais pas non plus me montrer injuste envers cette classe méritante à laquelle le pays doit son affranchissement; je n'oublie pas, comme on l'a reproché à une femme ardente à défendre la cause du peuple, que *les bourgeois sont aussi des hommes*. La bourgeoisie a accompli une tâche immense : elle a percé des montagnes d'iniquité, elle a porté l'arche sainte à travers les flots; ni la longueur ni les périls de la route ne l'ont rebutée; elle est entrée enfin dans la terre promise. Mais, hélas! à peine arrivée au but, son premier soin est d'élever des barrières qui le rendent inaccessible au reste des humains. Ainsi que la noblesse, elle oublie de se considérer dans l'ensemble des choses, pour tout rapporter à elle et se poser en pivot du monde. Le bourgeois incline aujourd'hui à se croire d'un sang plus pur que le peuple. Dans ses salons dorés, sur ses tapis de Turquie, à la splendeur de ses lustres en cristal de roche, il regarde consterné son père et sa mère, et s'étonne de les trouver moins *comme il faut*, moins bien appris que ses valets de chambre.

Le peuple est patient de sa nature, mais le

temps n'est pas loin [1] où, à son tour, il montrera quelque surprise. Depuis 1830, ses mécontentements légitimes sont d'ailleurs fomentés, flattés, exploités par un parti politique qui, peu précis dans ses intentions, peu d'accord quant à ses moyens, insubordonné, ou plutôt inorganisé, rêve un changement quel qu'il soit, et propage, sans les avoir combinées, des idées hostiles à la personne du roi, aux détenteurs des richesses, à la forme même du gouvernement. Ce parti, qui se compose d'ambitions trompées, de médiocrités présomptueuses et jalouses, d'illusions adolescentes, ce parti qu'on ne sait comment nommer tant il a de nuances, mais dont la logique rigoureuse aboutit au communisme, invoque les principes éternels et les éternelles doctrines ; il veut établir le *bon état* ; il n'annonce rien moins que le royaume des cieux sur

---

[1] Je prie encore le lecteur de vouloir bien se rappeler la date où ceci était publié.

la terre; mais soumettez-le à une unique épreuve; réunissez douze de ses représentants, essayez de les mettre d'accord sur une seule application pratique; aussitôt le vent de la dispersion souffle sur eux des langues d'un feu desséchant; ils se renient l'un l'autre, s'insultent, se calomnient. Chacun se retranche dans sa prévention, dans son antipathie, dans son égoïsme, ne comprenant et ne voulant comprendre que sa propre chimère, incapable d'immoler à un vaste dessein ses petits projets et ses ambitions puériles. On voit alors surgir autant d'utopies que d'individus, îles flottantes sur une mer sans rivages, habitées chacune par une sorte de Robinson politique, qui seul y règne et y goûte la félicité pure d'un pouvoir sans contrôle et d'une légitimité non disputée. J'avoue qu'il ne m'est pas donné de croire que ce parti, qui prétend représenter les droits du peuple, ait plus que tous les autres l'intelligence et l'amour de la vraie liberté.

Et pourtant, par la seule logique des idées, par cette muette activité des causes invisibles ([a]), qui a donné naissance au proverbe italien : *Il mondo va da se*, tous ces éléments hostiles l'un à l'autre composent une nation forte et disciplinée, de laquelle on peut affirmer avec certitude qu'elle donnera encore au monde un grand exemple. La vertu des institutions libres, bien que mal comprises et mal appliquées, y suffira. La liberté de la presse, elle seule, nous assure aujourd'hui que pas une souffrance, pas une iniquité, ne saurait demeurer longtemps cachée, que pas une idée ne saurait périr : magnifique certitude qui centuple la puissance de notre vie nationale et légitime nos plus hardies espérances.

Dans la classe populaire, dans ces régions obscures, inconnues à la plupart d'entre nous, où l'impulsion du gouvernement ne se fait presque plus sentir, où nulle influence de parti ne pénètre, une action lente s'opère, inappréciable mais continue ; quelque chose s'accomplit, qui, dans l'ordre abstrait des idées, peut se comparer à la mystérieuse migration des peuples. Les idées vont à cette heure invinciblement et invariablement à la liberté, comme jadis les peuples du Nord, attirés par un magnétisme indéfinissable, allaient vers le soleil.

Ceux qui pressentent l'avenir, mais qui s'en effrayent, disent, en se rappelant avec terreur le peuple rude, violent, brutal, qu'on a vu dans nos révolutions sanguinaire et carnassier comme la bête féroce : Dieu nous garde de l'invasion des Barbares ! L'image est juste, et je l'accepte. Nos mœurs sont dissolues, nos courages amollis; nous sommeillons dans les délices d'une civilisation énervée. Les Barbares sont à la porte, je me trompe, ils sont dans l'enceinte — et je ne vois point se lever le signe sauveur devant lequel se courbera le fier Sicambre.

Religion, art, poésie, *élément féminin*, comme parle le grand poëte germanique, pénétrez donc ces masses menaçantes. Heureux du siècle, puissants et riches, si l'amour de la justice ne vous y a point encore conviés, que votre intérêt du moins vous le suggère : allez au peuple; éclairez le peuple; soulagez, élevez le peuple. Ne faisons à son sujet ni idylles ni bucoliques; ne le poétisons pas, comptons-le. Je ne sais point, pour ma part, d'éloquence plus écrasante que cette muette et inflexible rigueur du chiffre.

XXVI

DES INFLUENCES INDIVIDUELLES DANS LA SOCIÉTÉ FRANÇAISE

Au sein de la société troublée dans ses profondeurs, quoique paisible à la surface, en dehors des influences de gouvernement et de partis qui se réduisent à peu de chose, engagés comme ils le sont dans de mauvaises voies, trois missionnaires pacifiques sembleraient appelés, par leur caractère et leur situation, à l'éducation du peuple, cette grande œuvre de la liberté moderne : le prêtre, le médecin, la femme. Le prêtre des campagnes surtout, malgré l'incrédulité des esprits forts de village et les refrains voltairiens qui se chantent au cabaret, malgré sa pauvreté, malgré la discipline sacerdotale qui l'entrave, serait encore en mesure, le jour où il le voudrait sincèrement et où il s'inspirerait d'un esprit plutôt *évangélique* que *catholique*, de reprendre sur la population une influence considérable. On peut dire qu'il règne encore, si ce n'est sur les idées, du moins sur les habitudes de la classe laborieuse. Le peuple n'a guère admis jusqu'ici qu'il fût possible de ne pas faire baptiser ses enfants, enterrer ses morts en terre sainte; il regarde la première communion comme un acte officiel aussi indispensable que l'acte de naissance, et préfère encore, après deux révolutions, le mariage religieux au mariage civil. Par le baptême, la première communion, les noces, les funérailles, le prêtre fait acte d'autorité sur les quatre principales époques de la vie; il est initié au secret des mœurs domestiques, il a la confiance des misères, et, magnifique prérogative, il tient dans ses mains, et semble en posséder seul les secrets, le livre sacré entre tous, le livre du pauvre et du travailleur, l'histoire du charpentier divin, de ses amis, de ses frères, les pêcheurs, les laboureurs et les pasteurs de la nation de servitude.

Dans l'ensemble de ses récits naïfs, cette histoire, cette épopée populaire, entourée de ses légendes traditionnelles, renferme l'enseignement le plus véritablement libéral qui fut jamais apporté aux hommes; il a fallu que son sens droit et simple fût, durant plusieurs siècles, sophistiqué, subtilisé, tordu, pressé par l'esprit théocratique, pour qu'on en ait pu extraire les orgueilleuses maximes sur lesquelles s'appuient encore aujourd'hui les droits prétendus de la force et de la richesse, et pour que ce code de la démocratie pure ait servi, comme il l'a fait, les intérêts et les passions des aristocraties les plus hautaines.

Rendus à leur acception vraie, les récits évangéliques, si le prêtre des campagnes en était le rapsode fidèle et si on les voyait reproduits, comme en un miroir, dans sa vie, idéale et simple tout ensemble, ces récits, qui charment l'imagination en touchant le cœur, contribueraient puissamment à la culture morale du peuple; ils lui feraient sentir la fraternité humaine en voie d'accomplissement, même dans les iniquités et les misères sociales, ils lui montreraient sa propre existence éclairée et comme transfigurée sous le rayon divin.

Le médecin, ce gardien de la vie, serait bien plus encore, s'il le voulait fermement, la providence du peuple; il lui appartiendrait d'anticiper sur les lenteurs de ceux qui gouvernent et de forcer leur attention en essayant, dans les villages surtout, de substituer peu à peu aux pernicieuses routines de l'ignorance une hygiène éclairée. Ce serait à lui de sauvegarder l'enfance des traitements vraiment barbares auxquels elle est encore exposée dans les classes inférieures et d'arracher le peuple à l'ivrognerie, à la saleté, cette seconde misère dans la misère. Le médecin n'a pas un ministère moins important que le prêtre; mais il ne paraît pas jusqu'ici qu'il ait plus que lui le sentiment profond des obligations qui lui sont imposées.

Mieux encore peut-être que le médecin, mieux que le prêtre, parce qu'elle n'inspire aucune défiance, la femme pourrait se rapprocher du peuple, porter dans ses rangs des paroles de salut, lui enseigner sans effort cette doctrine du cœur qui est, selon toutes les acceptions du mot, la *grâce* même. Douée d'un charme insinuant, par sa seule présence, la femme est déjà bienfaisante. Le peuple, passionné, ignorant, tout à l'instinct comme l'enfant, aime et honore en elle

16.

le caractère de la maternité. Même riche et puissante, il ne la craint pas, il la plaint. Je ne sais quoi lui dit qu'elle tient à lui par la douleur. La femme du laboureur sait bien que la femme du roi souffre comme elle à enfanter un fils, qu'elle aussi a des nuits sans sommeil, des défaillances au chevet du nouveau-né. L'homme est plus étranger à l'homme que la femme ne l'est à la femme. La maternité n'a ni secrets ni priviléges. Il est un moment dans la vie de la plus superbe entre les patriciennes où la nature la jette à terre et lui rappelle rudement, par le fer et le sang, la communauté des misères humaines.

C'est pitié que de voir la femme du parvenu politique, plus arrogante, plus vaine, plus affolée que lui mille fois de sa qualité d'hier, se retrancher dans l'insolence de ses misères morales. Dans sa superbe, elle croirait abaisser la plante de ses pieds s'ils franchissaient jamais le seuil du pauvre; et si, par impossible, il arrivait à sa main dédaigneuse de rencontrer la main d'une femme du peuple, je crois, en vérité, qu'elle y regarderait longtemps pour s'assurer qu'un tel contact n'y aurait pas laissé quelque flétrissure.

O vous qui n'avez point perdu dans une frivole oisiveté tout sentiment de grandeur et de justice, femmes dévouées, mères, sœurs, amantes intrépides, rassemblez vos courages, unissez vos volontés! Vos époux vous oublient, vos fils trompent vos ambitions, vos frères vous méconnaissent, vos amants vous trahissent; cœurs forts, ne vous brisez point dans les sanglots; nobles fronts, ne vous courbez pas sous l'outrage; regards consolateurs, ne vous éteignez pas dans les larmes. Ne vous jetez point surtout, pour échapper à l'intensité de vos peines, dans l'ivresse des vains plaisirs. Rectifiez vos vertus, étendez vos dévouements. Sachez aimer avec passion, mais sans faiblesse, non plus un de ces êtres chimériques qui n'existèrent jamais que dans vos rêves, mais la patrie et l'humanité. Quittez, comme une dépouille usée, vos superstitions dégradantes, vos travaux futiles, vos dévouements égoïstes. Sortez enfin du pays de servitude. N'écoutez plus ce démon insidiateur qui voudrait vous retenir dans les entraves d'une stérile prudence. Souvenez-vous de vos grandes ancêtres. Jadis les femmes chrétiennes s'élançaient dans l'arène malgré leurs pères, leurs époux, leurs fils, et bientôt nul ne leur contesta plus la publicité du martyre. Une autre arène s'ouvre aujourd'hui, non plus visible et sanglante, mais intellectuelle, où les idées seules sont en lutte; le passé et l'avenir s'y combattent avec un sourd acharnement. Les grandeurs, les richesses, les délices, mais la servitude, sont d'un côté; le travail, les privations, mais la liberté aussi, sont de l'autre. Filles du christianisme, sachez choisir!

O liberté! divinité cachée à l'enfance du monde sous de mystérieux symboles, apparue à sa jeunesse sous des voiles transparents, révélée enfin à sa maturité par la parole de tes confesseurs et la mort de tes martyrs, liberté de Socrate, de Jésus, de Fénelon, de Luther, de Bacon, de Montesquieu, de Condorcet, de Washington, jusques à quand le vulgaire t'outragera-t-il de ses stupides défiances? jusques à quand de honteuses superstitions souilleront-elles le cœur de l'homme, ton temple vivant? jusques à quand tes disciples consternés seront-ils méconnus et se méconnaîtront-ils l'un l'autre, en de frivoles disputes, par d'injustes soupçons et des jalousies ombrageuses?

Vouloir être libre aujourd'hui, c'est encore,

hélas! se condamner à être seul. Le culte de la liberté est encore le culte d'un bien petit nombre d'hommes isolés les uns des autres; c'est une religion individuelle, un protestantisme sévère qui satisfait la raison, mais qui laisse le cœur en souffrance. Il en sera ainsi tant qu'il n'aura pas revêtu le caractère d'*universalité* qui lui est propre, tant que nos institutions et nos mœurs, dans un mutuel accord, n'auront pas rendu sensible à tous, aux plus humbles comme aux plus sublimes esprits, aux plus infimes comme aux plus nobles caractères, la seule doctrine de vérité et de vie. Ce temps est loin encore peut-être, mais qu'importe? qu'il nous suffise de l'espérer, et de lire dans l'histoire du passé la certitude des temps à venir. Le génie humain, retenu à l'origine, et comme emprisonné dans le cerveau d'un seul homme, Bouddha, Confucius, Moïse, est sorti peu à peu de cette prison étroite; il a parlé dans des nations entières; la Grèce et l'Italie lui ont servi d'organe ; puis, grandissant en force, il a franchi ces bornes trop resserrées, et nous le voyons aujourd'hui planer sur le vaste et mouvant empire du christianisme. Un dernier effort, mais le plus considérable, lui reste à faire pour sa complète délivrance; c'est l'effort qui, en brisant les barrières de peuple à peuple, de religion à religion, ne laissera plus d'autres limites à sa puissance que les limites du globe terrestre. C'est à cette délivrance du génie de la liberté humaine que chacun de nous, suivant ses facultés, doit travailler avec ardeur. C'est une nécessité dorénavant que toute œuvre soit vaine, qui n'aura pas pour principe et pour fin la liberté. Que le législateur, dont la parole influe sur le sort des populations entières, ait sans cesse cette vérité présente à la pensée ; que le philosophe la rappelle à celui qui l'oublie ; que le poëte et l'artiste la fassent chérir dans sa forme sensible, en la parant d'une beauté toujours nouvelle ; que chacun de nous enfin, même le plus infime, celui dont la tâche ici-bas se borne à l'action de sa volonté sur soi-même, n'estime pas son affranchissement personnel chose indifférente ou de peu de valeur dans l'ensemble du mouvement social.

Nul ne sait combien pèse son existence dans la gravitation du monde spirituel. Dans le vaste mystère où se meuvent encore les destinées de l'humanité, qui pourrait, sans une apathie coupable, se considérer comme un agent inutile? Nul ne doit refuser son obole à ce rachat de l'esclavage moral, à cette grande œuvre de la rédemption de tous par tous, dont nous entrevoyons, en tressaillant de joie, les premiers signes, et qui sera l'accomplissement de la loi, le triomphe pressenti, prophétisé, infaillible, de la liberté humaine.

NOTES

NOTE (*a*), page 13.

« Il ne faut point chercher des *raisons* pour les sceptiques, mais des *remèdes*, » dit Spinoza.

NOTE (*b*), page 16.

Il est constaté que plus l'organisation se complique et se perfectionne, plus elle tend aussi à se particulariser, à se rendre indépendante, mais c'est seulement dans l'espèce humaine que l'émancipation de l'individu se produit complétement. L'organisme de l'homme est à la fois le plus compliqué et le plus un. Sa personnalité est l'expression la plus haute de la liberté. Ces remarques s'appliquent aussi aux différentes classes de la société. Plus elles sont cultivées ou émancipées, plus les caractères et les genres de vie se distinguent. Les *masses*, et ce mot a un sens profond, vivent d'une vie que son infériorité rend monotone et presque identique pour tous.

NOTE (c), page 16.

Les découvertes des naturalistes modernes rapprochent, on le sait, les existences qui semblaient les plus éloignées et comblent les intervalles qui séparaient, en apparence, les règnes et les espèces.

Les sciences suivent ces indications et y assujettissent leurs méthodes. « La chimie, dit un savant contemporain, M. Littré, forme le lien entre la nature organique et la nature inorganique. La biologie dispute l'étude de l'homme intellectuel et moral à la métaphysique. »

NOTE (d), page 16.

Il va sans dire que je n'ai en vue ici que l'ordre de faits qui nous est connu, sans préjuger en aucune façon ce qui est possible, dans la durée indéfinie, à des forces illimitées. La supposition d'un développement supérieur, d'une production plus parfaite que l'homme, n'a rien qui blesse la raison.

NOTE (e), page 17.

« L'homme est le *sensorium commune* de la nature, » dit Goethe.

NOTE (f), page 18.

« Aucune vertu, disait Aristote, ne peut convenir à un esclave. » Il énonçait ainsi une profonde vérité morale, mais il n'en sut pas tirer la conséquence, tant l'opinion et la coutume ont de pouvoir, même sur les libres penseurs. Il ne sut pas ajouter que nul homme ne devait être esclave.

NOTE (*g*), page 25.

« Que je me prenne moi-même pour objet de mes observations, que je dégage et que j'isole mon *moi* pour l'étudier, saurai-je jamais à quoi m'en tenir sur les mystères de ma propre organisation? Que je mette dans ce travail toute mon ardeur et ma persévérance, en serai-je plus avancé sur la connaissance de moi-même et des autres? Et cependant l'esprit, entraîné par le charme de cette étude, s'y enfonce de lui-même de plus en plus profondément. Il en est ainsi du monde extérieur. Que nous n'ayons aucune notion certaine ni sur son commencement ni sur sa fin; que les objets nous échappent quand ils sont loin, parce que nous ne pouvons les circonscrire, quand ils sont près, parce que nous ne pouvons les pénétrer : soit. Mais à quelle étendue et à quelle profondeur il est donné à l'esprit de l'homme de pouvoir pénétrer dans ses propres mystères et dans ceux de la nature, c'est ce qu'il n'est point permis de décider ni de chercher à déterminer. »   GOETHE.

NOTE (h), page 28.

« Tous ces sentiments, de faim, de soif, de douleur, ne sont autre chose que de certaines façons confuses de penser, qui proviennent et dépendent de l'union, et comme du mélange de l'esprit avec le corps. » DESCARTES, *Méditations*.

NOTE (i), page 30

« J'admets un parallélisme parfait entre le système astronomique et le système organique. »
BONNET.

« Ils (les solariens) pensent qu'il existe une merveilleuse harmonie entre le monde céleste, le monde terrestre et le monde moral. »
CAMPANELLA, *Cité du soleil*.

NOTE (j), page 38.

La Bruyère entrait dans le sentiment de cette vérité lorsqu'il a dit : « La vie des héros a enrichi l'histoire, et l'histoire a embelli les actions des héros : ainsi je ne sais qui sont plus redevables, ou ceux qui ont écrit l'histoire à ceux qui leur en ont fourni une si noble matière, ou ces grands hommes à leurs historiens. »

NOTE (k), page 38.

J'entends ici l'harmonie vivante fondée sur la justice vraie, et non pas ce qu'on appelle bien improprement, dans le langage officiel, *l'ordre public*, chose morte où la jouissance égoïste de quelques-uns est fondée sur la compression et l'inanition du plus grand nombre.

NOTE (l), page 40.

« Le but de la vie, c'est la vie elle-même, » dit Goethe.

NOTE (*m*), page 46.

« L'organisme humain est à la fois le plus souple, le plus flexible, comme il est le plus compliqué et le plus un. Cette souplesse est, si l'on nous passe la comparaison, une sorte de liberté vitale auxiliaire de la liberté morale, et comme une condition de son exercice. »

L. Peisse, *Note aux œuvres de Cabanis*.

NOTE (*n*), page 46.

« L'excitation que le sang artériel, affluant au cerveau, apporte et entretient dans son organisme est une condition nécessaire à l'activité de l'âme. La conséquence en est que la perte du sang amène l'évanouissement et la suspension des fonctions intellectuelles. La qualité même du sang modifie l'état du cerveau. Le moindre changement dans la nourriture produit des variations dans les manifestations de l'âme. »

Müller, *Physiologie de l'homme*.

NOTE (o), page 46.

Si Pascal avait dit juste en affirmant que la maladie est l'état normal du chrétien, il aurait par cela seul condamné la doctrine chrétienne. Mais il a exagéré encore l'exagération des plus austères. Comment, même au point de vue le plus spiritualiste, un état d'inaction forcée serait-il l'état normal de l'homme, *condamné au travail*, disent les Écritures ? Et pourtant Bossuet, lui aussi, est conduit par la logique à dire dans son *Traité de la Concupiscence* : « Je ne m'étonne pas si un saint Bernard craignait la santé parfaite dans ses religieux ; *il savait où elle nous mène.* »

NOTE (p), page 53.

On objectera que l'équitation, la natation, l'escrime, enfin tous les exercices improductifs, ne sont qu'à l'usage du très-petit nombre de ces favorisés du sort qui possèdent les richesses et le loisir. Dans un état social plus conforme à la justice, lorsque la liberté, une liberté vraie, sera devenue la base des sociétés, ce qui est aujourd'hui une règle exceptionnelle, un conseil aux privilégiés, sera heureusement applicable à tous.

NOTE (*q*), page 53.

Ce n'est point ici le lieu d'entrer dans plus de détails, mais qu'on songe à cet usage absurde, d'employer presque exclusivement la main droite; à cette négligence qui fait tant de vues louches, etc., etc.

NOTE (*r*), page 54.

La *sélection naturelle* qui dans les règnes inférieurs produit, selon la théorie de M. Darwin, la variété et l'amélioration des espèces végétales et animales, semble, dans la civilisation, remplacée par une *sélection sociale* qui, tout au rebours de la nature, en ne se préoccupant que de convenances

17.

factices, en les créant en quelque sorte, unit les individus les mieux faits pour dégrader et enlaidir, en y perpétuant leurs vices physiques et moraux, la race humaine.

NOTE (s), page 54.

« La manière de vivre agit puissamment sur le cours des générations, en modifiant la forme humaine jusque dans sa structure osseuse.

« Une habitation élégante et commode, des habitudes de propreté, un vêtement confortable, le grand air dans la mesure exacte qu'exige la santé, contribuent avec l'alimentation à accroître l'élégance d'une race. »

Vestiges de l'Histoire naturelle de la création.

NOTE (t), page 55.

« Cette composition et cette structure si délicate et si variée du corps humain en a fait une sorte d'instrument de musique d'un travail difficile et exquis, et qui perd aisément son harmonie. Ainsi, c'est avec beaucoup de raison que les poëtes réunissent dans Apollon l'art de la musique et celui de la médecine, attendu que le génie de ces deux arts est presque semblable, et que l'office du médecin consiste proprement à monter et à toucher la lyre du corps humain, de manière qu'elle ne rende que des sons doux et harmonieux. » BACON.

NOTE (*u*), page 55.

« Ce serait une triste république qu'une république de béats, qui auraient mis tout leur bonheur dans la contemplation d'une autre vie, et s'entretiendraient dans la haine de celle-ci. Où serait le levier avec lequel on ferait mouvoir de tels hommes ? »

BECCARIA, *Des Délits et des Peines.*

NOTE (*v*), page 64.

« L'ennemi qui n'est qu'abattu peut encore

se relever: mais celui qui s'est réconcilié est véritablement vaincu. »   SCHILLER.

NOTE (*x*), page 65.

« D'une grande clarté qui était en mon entendement a suivi une grande inclination en ma volonté. »   DESCARTES, *Méditations*.

NOTE (*y*), page 65.

« Les hommes mêmes ne sont malheureux que faute de la connaître (la vérité) d'une connaissance aussi distincte que le sentiment de leurs passions est vif et pressant. »

BONALD, *Législation primitive*.

NOTE (*z*), page 71.

On a vu quelquefois confondre la liberté avec l'indifférence dans le choix des motifs qui nous font agir. Descartes réfute admirablement cette erreur : « Cette indifférence, » dit-il dans ses

Méditations, « fait plutôt paraître un défaut dans la connaissance qu'une perfection dans la volonté, car, si je connaissais toujours clairement ce qui est vrai et ce qui est bon, je ne serais jamais en peine de délibérer quel jugement et quel choix je devrais faire; et ainsi je serais entièrement libre, sans jamais être indifférent. »

« La liberté absolue ne peut faire le mal, *la libertà assoluta non può il male,* » écrit Gioberti.
Del Rinnovamento civile d'Italia.

Les théologiens expriment la même idée lorsqu'ils affirment que Dieu, souverainement libre, ne peut pas néanmoins vouloir le mal.

NOTE (*aa*), page 93.

« L'éclat des étoiles nous réjouit et nous inspire, écrit Alexandre de Humboldt à Varnhagen, et cependant tout se meut à la voûte du ciel en courbes mathématiques. »

NOTE (*ab*), page 94.

M. de Humboldt caractérise ces rapports par le terme expressif d'*individualité géographique*.

NOTE (*ac*), page 95.

« Pour le poëte, pour le philosophe, pour le saint, toutes les choses sont utiles et sacrées, tous les événements profitables, tous les jours saints, tous les hommes divins. »

EMERSON, *Essais*.

NOTE (*ad*), page 99.

On se rappelle la belle expression du songe de Colomb. La voix inconnue lui dit qu'il est choisi par Dieu pour délivrer l'Océan : *De los atamientos de la mar Oceana, que estaban cerrados con catenas tan fuertes, te dió las llaves.*

NOTE (*ae*), page 101.

« La loi qui défend de tuer les animaux est

fondée bien plus sur une vaine superstition et une pitié de femme que sur la saine raison. »

SPINOZA.

NOTE (*af*), page 102.

Il est à désirer que la loi prenne les animaux sous sa protection, et que des hommes bienfaisants revendiquent leurs droits. Ce vœu est prématuré, je le sais; il le sera, tant que nous verrons une portion considérable de la race humaine traitée comme la brute et considérée non comme *personne*, mais comme *chose*, non comme agent libre, mais comme instrument aveugle.

NOTE (*ag*), page 107.

« L'homme, dit l'abbé Lacordaire, a accumulé contre sa compagne tout ce qu'il a pu imaginer de duretés et d'incapacités. Il en a fait une captive; il l'a couverte d'un voile et cachée à l'endroit le plus secret de sa maison comme une divinité malfaisante ou une esclave suspecte; il lui a raccourci les pieds dès l'enfance, afin de la rendre incapable de marcher et de porter son cœur où elle voudrait; il l'a attachée aux travaux les plus pénibles comme une servante: il lui a refusé l'instruction et les plaisirs de l'esprit.

« On l'a prise en mariage, sous la forme d'un achat et d'une vente; on l'a déclarée incapable de succéder à son père et à sa mère, incapable de tester, incapable d'exercer la tutelle sur ses propres enfants, et retournant elle-même en tutelle à la dissolution du mariage par la mort. La lecture des diverses législations païennes est une révélation perpétuelle de son ignominie, et plus d'une, poussant la défiance jusqu'à l'extrême barbarie, l'a contrainte de suivre le cadavre de son mari et de s'ensevelir dans son bûcher, afin, remarque le jurisconsulte, que la vie du mari soit en sûreté. »

NOTE (*ah*), page 109.

En effet, les animaux, qui ne sont pas libres,

ne sont nullement curieux d'apprendre ce que l'instinct ne leur enseigne pas. Le castor ne s'inquiète point des procédés par lesquels l'abeille fabrique le miel; la fourmi ne demande point à l'oiseau comment il bâtit son nid.

NOTE (*ai*), page 111.

Chez un peuple scythe, il était d'usage que celui qui voulait épouser une fille se battît auparavant avec elle. Si la fille était la plus forte, elle emmenait son époux captif et demeurait maîtresse dans le ménage.

NOTE (*aj*), page 112.

Un des signes sensibles de l'infériorité de la femme, c'est qu'elle perd son nom, c'est-à-dire sa personnalité, en se mariant. Il y a toute une révélation dans cette coutume. Chez les Romains, la femme conservait son nom de fille. En Suisse et dans quelques autres pays, presque partout dans la classe industrielle où la femme est active et se rend utile, le mari ajoute le nom de sa femme au sien, composant ainsi un nom double pour rendre sensible leur vie à deux.

NOTE (*ak*), page 114.

« Il arrivera, je le crois, une époque quelconque où des législateurs philosophes donneront une attention sérieuse à l'éducation que les femmes doivent recevoir, aux lois civiles qui les protégent, aux devoirs qu'il faut leur imposer, au bonheur qui peut leur être garanti; mais, dans l'état actuel, elles ne sont, pour la plupart, ni dans l'ordre de la nature ni dans l'ordre de la société. Ce qui réussit aux unes perd les autres; les qualités leur nuisent quelquefois, quelquefois les défauts leur servent; tantôt elles sont tout, tantôt elles ne sont rien. Leur destinée ressemble, à quelques égards, à celle des affranchis chez les empereurs : si elles veulent acquérir de l'ascendant, on leur fait un crime d'un pouvoir que les lois ne leur ont pas donné; si elles restent esclaves, on opprime leur destinée. »

MADAME DE STAËL, *De la Littérature considérée dans ses rapports avec les institutions sociales.*

NOTE (*al*), page 115.

Il est curieux de voir, et je le note en passant, quoique cela n'ait pas de rapport direct à ce qui suit, comment Bossuet lui-même (*Traité de la Concupiscence*) se trouve mal à l'aise dans l'explication de ce dogme. La solidité de ce grand esprit est comme étonnée, se relâche un moment jusqu'à former une conjecture pleine de condescendance pour la faiblesse du cœur humain : « Qui sait, dit le sublime docteur, si le dessein de sa sagesse (de Dieu) n'était pas de faire un jour goûter à nos premiers parents ce fruit, et de leur en donner la jouissance après avoir, durant quelque temps, éprouvé leur fidélité? »

NOTE (*am*), page 130.

M. de Bonald confond dans un même anathème, dans un même mépris, le divorce et la démocratie, dont il montre l'étroite liaison historique et rationnelle. Acceptons ce fait. Nous sommes en pleine démocratie; demander le divorce c'est donc demander une conséquence de notre état social.

NOTE (*an*), page 147.

« Un des phénomènes qui peuvent servir à prouver ce commerce réciproque, cette communauté de mouvements vitaux qui sont entre la mère et le fœtus, ce sont les enfants *acéphales*, c'est-à-dire ceux qui naissent sans crâne et sans cerveau. Ils meurent dès leur naissance parce que ces parties sont essentielles et nécessaires à l'homme, qui vit de sa propre vie; le fœtus vit sans elles parce qu'il doit à la mère une partie de la force qui l'anime et qui supplée aux organes qui lui manquent. »

Roussel, *Système physique et moral de la femme.*

NOTE (*ao*), page 147.

Campanella, dans sa *Cité du soleil*, veut que l'homme, « avant de se livrer à l'union sexuelle, soit pur de toutes mauvaises actions et réconcilié avec Dieu. »

« En Lacédémone et autres bonnes polices, dit Charron (*De la Sagesse*), il y avait punition et amende contre les parents quand leurs enfants étaient mal complexionnés. »

NOTE (*ap*), page 148.

Ce sont les termes habituels des théologiens chrétiens. On voit qu'ils consentent comme à regret au mariage. Le quatrième concile de Carthage veut que les nouveaux mariés gardent la continence la première nuit des noces, *par respect pour la bénédiction nuptiale.*

Bossuet lui-même, si garanti par son esprit robuste et sain de toute exagération, s'exprime ainsi dans son *Traité de la Concupiscence :* « O Dieu ! qui, par un juste jugement, avez livré la nature humaine coupable à ce principe d'incontinence, vous y avez préparé un remède dans l'amour conjugal ; mais ce remède fait voir encore la grandeur du mal, puisqu'il se mêle tant d'excès dans l'usage de ce sacré remède. » On comprend la fatale influence d'une telle conception donnée pour base à l'institution qui contribue le plus directement au bonheur et à la dignité de l'homme.

NOTE (*aq*), page 151.

Un prêtre illustre me disait un jour que dans les cas les plus désespérés, lorsqu'il avait vainement tenté de faire vibrer une corde quelconque dans le cœur d'un criminel, il lui rappelait sa mère vivante ou morte, et qu'à ce souvenir il était rare de ne pas surprendre une émotion dans les âmes les plus endurcies, sur les visages les plus impassibles.

NOTE (*ar*), page 162.

Il arrive, dans les États autrichiens par exemple, qu'un État se compose de plusieurs peuples de races et de langues diverses. Mais ce sont là des États inorganiques, si l'on peut s'exprimer ainsi, qui ne tiennent que par des liens artificiels, toujours prêts à se rompre.

NOTE (*as*), page 163.

« Les objets de l'institution et du maintien de tout gouvernement doivent être d'assurer l'existence du corps politique de l'État, de le protéger et de donner aux individus qui le composent la faculté de jouir de leurs droits naturels et des autres biens que l'auteur de toute existence a répandus sur les hommes; et toutes les fois que ces grands objets du gouvernement ne sont pas remplis, le peuple a le droit de le changer par un acte de la volonté commune et de prendre les mesures qui lui paraissent nécessaires pour procurer sa sûreté et son bonheur. »

Préambule de la Constitution de Pensylvanie.

NOTE (*at*), page 164.

La volonté du législateur *subie* comme *loi* par les peuples enfants (acte de servitude), la loi reconnue et *acceptée* par tous comme *vérité* (acte de liberté); tel est, en deux mots, le caractère différentiel des temps d'ignorance ou de civilisation véritable.

NOTE (*au*), page 170.

« J'ai remarqué une chose singulière, c'est qu'il n'y a guère de maxime de morale dont on ne fît un aphorisme de médecine, et réciproquement, peu d'aphorismes de médecine dont on ne fît une maxime de morale. »   Diderot.

NOTE (*av*), page 170.

« Partout l'étude de la physique a précédé le règne des lumières et de la sagesse. La connaissance des lois de la nature porte des coups mortels aux opinions superstitieuses, prépare l'extirpation des erreurs, et fraye la route de la vérité. Le créateur de la philosophie moderne, l'immortel Bacon, qui, brisant le sceptre de l'école, et du milieu des fausses clartés de son siècle, prévenant, par une espèce de révélation, toutes les conquêtes de l'esprit humain, s'était élancé dans l'avenir pour y diriger notre marche et régler d'avance tous nos pas, nous offre sans cesse le génie des sciences naturelles comme la vraie colonne lumineuse, » etc.

Mirabeau, *Travail sur l'Éducation publique*.

NOTE (*ax*), page 170.

Indiquons un principe d'analogie propre à faire réfléchir : de même que l'organisme de la matière se perfectionne en se compliquant, ainsi les gouvernements qu'on appelle constitutionnels, parlementaires, etc., reconnus supérieurs aux autres, sont les moins simples, les plus savamment combinés, au moyen d'une foule d'agents ou organes dont se passent les gouvernements despotiques.

NOTE (*ay*), page 171.

« Qui a fait les partages de la terre, si ce n'est la force ? Toute l'occupation de la justice est à maintenir les lois de la violence. »

VAUVENARGUES.

NOTE (*az*), page 172.

Les États-Unis d'Amérique font exception. Ils

ont commencé sous de plus heureux auspices. *L'acte d'indépendance* est peut-être le plus beau monument de la raison humaine. « La révolution, aux États-Unis, dit M. de Tocqueville, a été produite par un goût mûr et réfléchi pour la liberté, et non par un instinct vague et indéfini d'indépendance. Elle ne s'est point appuyée sur des passions de désordre, mais au contraire elle a marché avec l'amour de l'ordre et de la légalité. »

NOTE (*ba*), page 172.

« Ne sait-on pas que tout rapport, tout désordre même, pourvu qu'il soit constant, nous paraît une harmonie? »   Buffon.

NOTE (*bb*), page 174.

« Et il s'établira de peuple à peuple un équilibre de force qui, les contenant tous dans l'exercice de leurs droits réciproques, fera cesser leurs barbares usages de guerre et soumettra à des voies civiles le jugement de leurs contestations. »   Volney.

NOTE (*bc*), page 174.

« A mesure que s'élargit la base de la civilisation, la stabilité en devient plus grande. »

E. Littré, *De la Philosophie positive*.

NOTE (*bd*), page 175.

« Enfin la guerre perpétuelle dans les premiers âges, puis organisée pour un but vraiment social dans la dernière partie du polythéisme, diminuant notablement sous le règne du monothéisme, présente, à l'approche de la domination des notions positives, une nouvelle et plus grande diminution. »

E. Littré, *De la Philosophie positive*.

NOTE (*be*), page 175.

« Les hommes commencent à voir qu'ils

peuvent avec profit exercer toute leur activité sur des objets légitimes; par exemple, en surmontant les difficultés naturelles de leur passage dans la vie, ou en faisant preuve d'une généreuse émulation dans une ligne de devoirs profitables à eux-mêmes et à leurs semblables. Ainsi, la lutte finit par se circonscrire dans un cercle relativement plus étroit, etc., etc.

(*Vestiges de l'Histoire naturelle de la création*).

NOTE (*bf*), page 175.

Le génie le plus affirmatif des temps modernes, M. de Maistre, s'arrête et recule consterné devant ce qu'il appelle *la grande extravagance humaine*. Il dit que, *l'homme étant donné avec sa raison, ses sentiments, ses affections, il n'y a pas moyen d'expliquer comment la guerre est possible humainement*. Il se demande *pourquoi les nations n'ont pu s'élever à l'état social comme les particuliers, pourquoi il ne s'est pas formé une société générale pour terminer les querelles des nations, comme il s'est formé une société nationale pour terminer les querelles des individus*, observant avec sagacité que *toutes les raisons imaginables pour établir que cette société des nations est impossible militeront de même contre la société des individus.* Il décrit, en des pages d'une grande éloquence, les terribles fatalités de la guerre, et alors, par un trait d'une audace que je n'hésite pas à qualifier d'impie, par cela même qu'elle lui paraît monstrueuse il la déclare *divine;* il affirme que *rien dans ce monde ne dépend plus immédiatement de Dieu que la guerre; qu'il a restreint sur cet article le pouvoir naturel de l'homme, et qu'il aime à s'appeler le Dieu des armées.* Et comme s'il pressentait qu'il va soulever le sentiment général par cette proposition effroyable, il y insiste, et établit avec une persistance d'aberration inouïe, que la guerre est *divine dans la gloire mystérieuse qui l'environne, divine dans la protection accordée aux grands capitaines, divine par la manière dont elle se déclare, divine encore dans ses résultats et par l'indéfinissable force qui en fait le succès,* etc., etc. Pour me servir de son expression, voilà qui *étonne l'étonnement même !* Quel sujet de méditation, pour nous qui considérons la guerre comme un fléau, un reste de barbarie, destiné à céder peu à peu devant la civilisation nouvelle, que de voir un tel esprit renoncer à la justifier humainement, et se réfugier éperdu dans la *volonté de Dieu, cet asile de l'ignorance,* comme l'a dit Spinoza !

NOTE (*bg*), page 177.

Remarquons encore au passage combien aux découvertes industrielles ou scientifiques se rattachent promptement des effets moraux. L'imprimerie, la boussole, la vapeur, etc., ne servent-elles point la liberté, la morale, en étendant leur domaine? D'où vient donc ce déchaînement des prétendus spiritualistes contre le matérialisme supposé des intérêts industriels, comme si tous les progrès de l'industrie n'avaient pas pour fin d'établir de plus en plus la suprématie de la force intellectuelle sur la force corporelle?

NOTE (*bh*), page 178.

« Il est nécessaire que les officiers s'occupent avec un soin particulier d'inspirer aux soldats la confiance; sans ce lien intime on ne peut compter sur rien. »   MARMONT.

NOTE (*bi*), page 179.

« On peut aussi l'employer (le soldat) à des travaux publics importants, associer comme récompense l'histoire des régiments aux créations qu'ils auront exécutées, en leur donnant leur nom. »   MARMONT.

NOTE (*bj*), page 180.

« Pense-t-on que, telle qu'elle est constituée, l'armée soit tout ce qu'elle peut, tout ce qu'elle doit être? Pense-t-on qu'arracher violemment tous les ans à leurs familles et à leurs travaux quarante mille hommes laborieux, choisis parmi les plus robustes et les mieux faits, pour les rompre péniblement à l'habitude du désœuvrement et les envoyer se corrompre d'esprit et de corps dans les faubourgs des villes, tout cela dans l'éventualité de guerres qui deviennent chaque année moins possibles, pense-t-on que ce soit là le dernier mot de la civilisation?

ÉMILE DE GIRARDIN, *De l'Instruction publique.*

NOTE (*bk*), page 182.

« Il n'est point de destinée plus malheureuse, plus affligeante, plus accablante, que d'être réduit par le sort à passer les jours dans un travail perpétuel; c'est vivre dans la condition d'un pauvre esclave qui paye de son repos et de sa liberté le petit et court plaisir de *respirer en se connaissant misérable*. Hélas! c'est néanmoins presque partout le destin de l'ouvrier. »

Th. Morus.

NOTE (*bl*), page 183.

« Cependant ces pauvres travailleurs vivent si pitoyablement; leur nourriture, maigre, sèche, mal préparée et de mauvais suc, sans parler des autres besoins, tout cela, dis-je, les rend si misérables, que la condition des bêtes de charge et de voiture paraît plus heureuse que la leur; car enfin ces bêtes ne portent ni ne traînent pas toujours; on ménage leurs forces, on a grand soin de les faire reposer; d'ailleurs, leur nourriture n'est guère moins bonne que celle des bas artisans; les animaux brutes savourent même plus agréablement leur mangeaille; et, de plus, l'enfer et la brûlure éternelle ne les inquiètent point. Mais, pour les ouvriers du bas étage, pour peu qu'ils soient capables de réflexion, chose très-rare, ils doivent mourir tous les jours de se voir, par leur cruelle destinée, attachés à une chaîne de fatigue qui leur fournit à peine pour le présent de quoi ne pas périr de faim; et lorsqu'ils pensent que ce travail stérile et infructueux les conduit droit à une vieillesse infirme et dénuée de tout, une prévoyance si bien fondée est un ver qui les ronge et qui ne leur donne point de relâche. Je dis *prévoyance bien fondée*, car cet artisan gagne un salaire si petit que c'est tout ce qu'il peut faire de pouvoir se soutenir depuis l'aurore jusqu'au soleil couché. Comment donc pourrait-il trouver du reste et mettre chaque jour quelque chose à part, pour s'en servir quand le temps lui aura blanchi la tête et affaibli le corps? »

Th. Morus, *Idée d'une république heureuse.*

NOTE (*bm*), page 186

« Aujourd'hui celui qui osera être bon sera certain d'être grand. »   Disraeli.

NOTE (*bn*), page 190.

« Or le temps changeant naturellement les choses en pis, si l'homme, par sa prudence et son activité, ne s'efforce point de les changer en mieux, quand verra-t-il la fin de ses maux ?
     Bacon.

NOTE (*bo*), page 190.

En 1848, sous le gouvernement du général Cavaignac, un décret avait institué des commissions d'hygiène publique dans les chefs-lieux de département et d'arrondissement; mais on avait omis d'appeler les femmes dans ces commissions, qui d'ailleurs n'entrèrent point en fonctions.

NOTE (*bp*), page 195.

« Tant que les masses ont manqué de lumières ou de civilisation et que les craintes pour la vie et la propriété ont été vivement surexcitées, on traita toujours sévèrement les malfaiteurs. Mais dès que l'ordre triomphe partout et que la raison domine, les hommes commencent à apercevoir la véritable situation des criminels, c'est-à-dire qu'une grande partie sont victimes des fausses conditions sociales, tandis que les autres ne sont entraînés vers l'erreur que par les inclinations dont ils ont malheureusement hérité de la nature. »

(*Vestiges de l'Histoire naturelle de la création.*)

NOTE (*bq*), page 195.

« Les successions multiplient, pour les hommes faibles, les difficultés morales. »   SÉNANCOUR.

NOTE (*br*), page 196.

« Maintenant l'abolition de la peine de mort est réclamée avec cette sorte d'unanimité qui ne peut tarder de triompher, parce que c'est l'unanimité des hommes qui ont la pensée sympathique de ce siècle. »   Ballanche.

NOTE (*bs*), page 197.

« Il arrive au spectateur du supplice la même chose qu'au spectateur d'un drame; et comme l'avare retourne à son coffre, l'homme violent et injuste retourne à ses injustices. »   Beccaria.

NOTE (*bt*), page 200.

« La peine capitale ne peut être tolérée dans l'organisation sociale qui va naître. Je n'en donnerai que deux raisons. Tous les citoyens devant être appelés à coopérer aux jugements criminels, vous ne pourrez éviter que quelques-uns de ceux qui seront obligés de remplir ces redoutables fonctions n'aient, avec le développement des opinions actuelles, une répugnance invincible à prononcer le sinistre arrêt qui va priver de la vie un de leurs semblables, et le jeter ainsi tout à coup en la présence de Dieu; vous ne pouvez éviter que quelques-uns de ces citoyens, d'une haute conscience ou d'une conscience timorée, secouent, comme on est disposé à le faire, le joug de l'autorité, et, se croyant ainsi le droit d'examiner les limites du pouvoir de la société, lui refusent ou lui constituent celui d'ôter irrévocablement le repentir au coupable, et peut-être, chose affreuse à penser! la persévérance à l'innocent, car c'est une grande dégradation pour un innocent condamné que de nier la justice. Il est évident que le juré qui ne voudra pas appliquer la peine de mort dans les cas prévus par la loi sera obligé de trahir sa propre conscience, de mentir à l'évidence du fait, ce qui est un très-grand mal, parce que c'est une sorte d'immoralité qu'on ne se reproche point. »

Ballanche, *Essai sur les institutions sociales.*

NOTE (*bu*), page 201.

Je n'ai pu traiter ici les questions de détail, telles que la prison cellulaire, etc., etc. J'indiquerai seulement aux personnes que ces questions intéressent l'épreuve d'un système vraiment humain faite à la colonie pénitentiaire et agricole de Mettray, par deux hommes de cœur, MM. Demetz et de Courteilles.

NOTE (*bv*), page 204.

« On instruit les enfants à craindre et à obéir. On les excite encore à être copistes, à quoi ils ne sont déjà que trop enclins; nul ne songe à les rendre originaux, entreprenants, indépendants. »

Vauvenargues.

NOTE (*bx*), page 205.

Je ne puis faire qu'indiquer ici, au courant de la plume, ce système de droits politiques gradués, subordonnés à certains examens progressifs, attestant non la capacité de l'impôt, mais celle du cerveau; non une inepte et matérielle possession territoriale qui ne préjuge rien, mais la possession des notions nécessaires pour pouvoir se gouverner soi-même et prendre une part directe ou indirecte au gouvernement des affaires publiques.

NOTE (*by*), page 206.

« Ce n'est pas dans l'éducation commune que l'égoïsme a pris naissance; il est le triste et chétif avorton de l'éducation privée. »

BONALD, *Législation primitive*.

NOTE (*bz*), page 208.

On a calculé qu'en France, sur trente-trois

millions d'habitants, vingt-huit ne reçoivent aucune éducation. L'éducation classique complète revient à une somme de dix à vingt mille francs; elle est par cela même inaccessible au plus grand nombre.

NOTE (*ca*), page 209.

Ce résultat si désirable est en partie obtenu dans les colléges aujourd'hui; ils rapprochent les pauvres et les riches, les nobles et les bourgeois. Mais l'artisan et le laboureur n'y peuvent pénétrer. Le spectacle salutaire de la vie rustique y manque. Ces sortes d'établissements ne sont pas conçus selon un plan assez vaste. Leur principal défaut est d'être renfermés dans l'enceinte des villes.

NOTE (*cb*), page 211.

« L'esprit de famille est un esprit de détail borné par les moindres minuties; au lieu que l'esprit public, attaché aux principes généraux, voit les faits d'un œil sûr, les range chacun dans leur classe, et sait en tirer des conséquences utiles au bien du plus grand nombre. »   BECCARIA.

NOTE (*cc*), page 212.

« Défaut d'instruction générale et élémentaire parmi les classes inférieures et laborieuses, défaut d'instruction spéciale et politique parmi les classes supérieures, telles sont, en résumé, selon nous, les deux causes capitales de l'instabilité des gouvernements en France. »

ÉMILE DE GIRARDIN, *De l'Instruction publique en France.*

NOTE (*cd*), page 215.

Encore ferai-je observer que cette méthode de voyage se pratique dans la plupart des universités et des établissements particuliers de l'Allemagne. Le séjour de deux ans en Italie, accordé aux lauréats de l'Institut, rentre complétement d'ailleurs dans cet ordre d'idées.

NOTE (*ce*), page 216.

« Les chambres législatives, lorsqu'un ministre éclairé leur aura fait comprendre toutes les questions sociales que soulève celle de l'instruction élémentaire, ne refuseront pas l'allocation nécessaire pour qu'une école soit fondée dans chaque commune, que l'admission en soit gratuite et commune à tous comme l'entrée de l'église. »

ÉMILE DE GIRARDIN, *De l'Instruction publique en France.*

M. de Girardin propose aussi l'établissement d'une sorte de bibliothèque mobile à l'usage des départements et des communes. Voir dans son livre *De l'instruction publique* le développement de cette excellente pensée.

NOTE (*cf*), page 224.

Il est assez curieux que les seules fois où l'on

ait daigné s'en souvenir en France, ç'ait été pour leur trancher la tête. Je m'étonne qu'en général on n'ait pas trouvé de place à leur offrir entre l'échafaud et le trône.

NOTE (*cg*), page 226.

« Si certaine partie d'une nation, engagée dans une branche particulière de l'industrie, accapare des avantages nuisibles aux autres fractions du peuple, le premier effet produit sera un préjudice porté à ces autres parties de la nation, et le second, un préjudice retombant sur ceux qui l'ont causé, et qui trouvent ainsi leur châtiment dans leur faute. »

(Vestiges de l'Histoire naturelle de la création.)

NOTE (*ch*), page 265.

J'ai entendu un homme d'esprit, dans un accès d'indignation et de verve ironique, diviser la société en deux grandes classes : « Les gens qui mangent trop et les gens qui ne mangent pas assez. »

Il y a plus de vérité qu'on ne pourrait croire dans cette classification humoristique.

NOTE (ci), page 274.

« Or, dans les opérations divines, les commencements, quelque faibles qu'ils puissent paraître, ont néanmoins toujours un effet certain, et, ce qui a été dit des choses spirituelles que « le règne de Dieu arrive sans qu'on s'en aperçoive, » a également lieu dans toute grande opération de la divine Providence; tout y marche sans bruit, s'y fait sans qu'on le sente, et l'œuvre est entièrement exécutée avant que les hommes se soient persuadés qu'elle se faisait, ou qu'ils y aient fait attention. » BACON.

FIN

TABLE

Préface de la nouvelle édition. 1

Avant-propos 1
Introduction 7

LIVRE I
   I. De la liberté humaine 15
  II. De la connaissance de soi. 22
 III. Des instincts 27
 IV. De l'instinct de conservation ou d'égoïsme . . 32
   V. De l'instinct de sympathie 36

LIVRE II
  VI. Des organes 45
 VII. Suite des organes 52
VIII. De la passion 58
  IX. De l'apathie 67

LIVRE III
   X. Relations de supériorité 75

XI. Relations d'égalité 81
XII. Relations d'infériorité 89
XIII. Rapports de l'homme avec la nature inférieure. 92

LIVRE IV

XIV. De la famille. 103
XV. De la femme. 106
XVI. Du mariage indissoluble. 128
XVII. De l'enfant et de l'éducation 146

LIVRE V

XVIII. De l'État. 161
XIX. De l'instinct de conservation dans l'État. — Art de la guerre. 175
XX. De l'hygiène publique 184
XXI. De la pénalité. 193
XXII. De l'éducation publique. 202
XXIII. De l'art. 227

LIVRE VI

XXIV. De la liberté en France. — Du pain quotidien. 247
XXV. Des différentes classes de la société française et de l'esprit qui les anime. 265
XXVI. Des influences individuelles dans la société française. 277

Notes. 289

FIN DE LA TABLE.

PARIS. — IMP. SIMON RAÇON ET COMP., RUE D'ERFURTH, 1.

www.ingramcontent.com/pod-product-compliance
Lightning Source LLC
Chambersburg PA
CBHW060603190426
43202CB00031BA/2218